历史的丰碑

丛书

道家宗师
老子

易水寒　编著

吉林人民出版社

图书在版编目(CIP)数据

道家宗师——老子 / 易水寒编著 . -- 长春 : 吉林
人民出版社 , 2011.4 (2021.8 重印)
（历史的丰碑丛书）
ISBN 978-7-206-07620-6

Ⅰ . ①道… Ⅱ . ①易… Ⅲ . ①老子－生平事迹－青年
读物②老子－生平事迹－少年读物 Ⅳ . ① B223.1-49

中国版本图书馆 CIP 数据核字 (2011) 第 037640 号

道家宗师 老子

DAOJIA ZONGSHI LAOZI

编　　著 : 易水寒
责任编辑 : 王　丹　　　　封面设计 : 孙浩瀚
制　　作 : 吉林人民出版社图文设计印务中心
吉林人民出版社出版 发行 (长春市人民大街7548号　邮政编码 : 130022)
印　　刷 : 北京一鑫印务有限责任公司
开　　本 : 787mm×1092mm　　1/16
印　　张 : 8　　　　　　字　数 : 72千字
标准书号 : ISBN 978-7-206-07620-6
版　　次 : 2011年4月第1版　印　次 : 2021年8月第2次印刷
定　　价 : 35.00 元

如发现印装质量问题,影响阅读,请与出版社联系调换。

编者的话

"欲知大道，必先为史"。

回溯人类的足迹，人们首先看到的总是那些在其各自背景和时点上标志着社会高度和进步里程的伟大人物。他们是历史的丰碑，是后世之鉴。

黑格尔说："无疑，一个时代的杰出个人是特性，一般说来，就反映了这个时代的总的精神。"普希金说："跟随伟大人物的思想是一门引人入胜的科学。"

以史为鉴，面向未来。作为21世纪的继往开来者，我们觉得，在知史基础上具有宽广的知识结构、开阔的胸襟和敏锐的洞察力应是首要的素质要求，而在历史的大背景中追寻丰碑人物的思想、风范和足迹，应是知史的捷径。

考虑到现代人时间的宝贵，我们期盼以尽量精短的篇幅容纳尽量丰富的信息，展现尽量宏大的历史画卷和历史规律。为此，我们编撰了这套丛书。

编撰丛书的过程，也是纵览历代风云、伴随伟人心路、吸收历史营养的过程。沉心于书页，我们随处感受着各历史时期伟大人物所体现的推动历史进步的人类征服力量。我们随着伟人命运及事业的坎坷与辉煌而悲喜，为他们思想的深邃精湛、行为的大气脱俗而会意感慨、拍案叫绝。

然而，在思想开始远游和精神获得享受的同时，我们也随之感受到历史脚步的沉重和历史过程的曲折。社会每前进一步都是艰难的，都伴随着巨大的痛苦和付出。历史的伟大在于它最终走向进步，最终在血污中诞生了鲜活的"婴孩"。

历史有继承性和局限性，不能凭空创造。伟人也有血肉，他们的思想、行为因此注定了同样具有历史的局限性和阶级的、时代的烙印；他们的功业建立于千千万万广大人民群众伟大创造的基础上。历史是人民群众创造的，伟大的人物们是历史和时代造就的。同时，我们也无法否定此间他们个人的努力。这也正是我们编撰这套丛书的目的。

我们期盼着这套丛书得到社会的认同，对读者，特别是青少年读者之历史感、成就感和使命感的培养有所裨益。史海浩瀚，群星璀璨。我们以对广大青少年读者负责的精神，精心遴选，以助力青少年成长进步，集结出版了《历史的丰碑》系列丛书，敬请读者批评、指正。

历史的丰碑丛书

编 委 会

策　划：　胡维革　吴铁光

　　　　　林　巍　冯子龙

主　编：　胡维革　邢万生

副主编：　贾淑文　谷艳秋

编　委：（按姓氏笔画为序）

　　　　　于二辉　刘士琳

　　　　　刘文辉　孙建军

　　　　　李艳萍　吴兰萍

　　　　　杨九屹　隋　军

老子大约生活于春秋末年，是道家思想的创始人，是中国古代最有影响的思想家、哲学家之一。

司马迁的《史记》中记载："老子修道德，其学以自隐无名为务。"老子著书上下两篇，共5000多字，这就是今天仍在流传的《老子》，也叫《道德经》。《道德经》虽然只有5000多字，却包含了一个较为完整的哲学体系。而且语言精华简练，字字珠玑，几乎一个字就涵盖了一个思想观念。

老子的学说经庄子发扬光大，终成一家之言——道家学说。道家学说在先秦诸子并起、百家争鸣中，卓然不群，并最终以中国文化主流之一流传至今。

清代名士纪晓岚称道家学术"综罗百代，广博精微"。的确，道家思想对中国古代文化的形成和发展，产生了巨大而深远的影响。

目　录

历史的丰碑丛书

老子

道可道非常道名可名非常名無名天地之始

→北京故宫博物院珍藏的老子画像

神龙见首不见尾

> 儿童由于条件所限最终不会再去继续提问题，这真是太可惜了。而那些最终不完全被条件限制、一直在追根问底的儿童有时就成了哲学家。
>
> ——伯　林

关于老子的生平，历史文献记载比较简单。《史记》记载：老子是春秋时楚国苦县（今河南鹿邑太清宫镇，或安徽涡阳闸北镇）人，姓老，氏李，名耳，字聃，是周朝掌管文献典籍的史官。

传说老子是在李子树下出生的，而且出生时耳朵宽阔奇长，所以他就姓李，母亲给他起名叫耳，字聃，聃也是大耳朵的意思。更有民间传说老子母亲怀胎81年之久，因此老子生下来时，须发皆白，所以才叫"老子"。

据传说，老子出生时，身体比较虚弱，但是脑袋很大，小的时候很聪明，常爱提一些大人都想不到的问题。老子没有看到过父亲，在他出生后不久，父亲

→东汉画像石 《孔子见老子图》 1955年9月绥德县刘家沟出土

就死于战乱之中了。所以他一直和母亲生活在一起，他的母亲很勤劳，又很有见识，她常常给李耳讲一些祭祀、礼仪及占卜之类的知识，也讲一些古代传说、战争故事。李耳受母亲的熏陶，从小就养成了善于学习，独立思考的好习惯，很少出去跟别的孩子淘气。

母亲看到李耳勤于思考，爱好学习，非常高兴，但是她越来越感觉到自己所知有限，不能满足李耳的求知需要，因此决心给李耳请一位先生。

说来也巧，刚好邻居家从京城来了一位隐居的陈老先生，于是母亲带着李耳去拜见他。

陈老先生原来居住在周朝都城镐京，后来对朝廷失去信心，来此隐居。陈老先生博古通今，对当时的典章礼仪制度、天文地理都很有研究。当他看到李耳时，感到这个孩子非同一般，于是就时常让他到自己家来教授他一些知识。

一天，陈老先生对李耳说：

"天地之间，人是万物的灵长；众人之中，君主是王，因为君主是天的儿子——天子。"

"那么天是什么呢？"李耳问。

"天，就是我们头顶上的浩浩太空。"

"太空之中，清清静静，怎么能产生出人呢？"李

耳又问。

"太空之中，并不是一无所有，上面由神人主宰，他们常派遣星宿下凡，托生成为君王，君王代天做事，因而称为天子。"

"那么神人又是怎么产生的呢？太空之上又是什么呢？太空的尽头，又有什么东西存在呢？"

"这个吗……"老师感到很为难，只好说："我的老师也没有讲，古书上也没有记载，我不能确定。"

李耳回家后，念念不忘这些问题。夜晚来临，他仰望茫茫夜空，群星闪烁，思索着神在哪里，天外有什么东西。

又一天，先生对李耳说："天地万物，天有天道，地有地理，人有人伦，万事万物都有自己的属性，正因为如此，日月星辰才能绕天运行排列，百川入海汇聚成河；人才有长幼尊卑，物才有长短坚脆。"

"那么这一切是怎么形成的呢？"李耳问。

"是神创造出来的。"先生答道。

"那么神的这种能力又是从哪里来的呢？"

"这……古书上也没有记载，你自己去思考吧。"

为了弄明白这些问题，李耳常常陷入深深的沉思之中，有时一想就想很长时间。他还常常去找其他有知识的人询问请教，但是没人能解答这些问题。

就这样，时光荏苒，日月如梭，转眼3年的时间过去了。这期间，李耳学到了很多礼仪、天文地理方面的知识，但仍有许多问题使他困惑不解，有的连老师也解释不了。

一天，陈老先生找到李耳的母亲，告诉她自己要走了，李耳已经把他所知道的东西都学到了，应该为李耳找一个更好的地方读书学习。陈老先生说："李耳这孩子与众不同，他的前途怎么样，我看不透。"

李耳的母亲虽然舍不得儿子远行，但还是鼓励他到京城求学。就这样李耳来到了镐京，经陈老先生举荐，进入当时的最高学府——太学学习。在那里，他诵读了《诗》《书》《易》《历》等书籍，对天文、地理、人伦、礼乐等都进行了深入地学习和探索。几年

→ 老子故里　河南鹿邑

内学识大长，语出惊人。读完太学后，到当时周朝的守藏室（相当于现在的国家档案馆或图书馆）做了一个小官。当时周朝的守藏室是历代典籍收藏最丰富的地方，只有当时的大学者才有资格到这里做官。李耳充分利用这个机会，博览群书，畅游书海，废寝忘食，足不出户。渐渐地，他已能通晓礼乐立义，明了道德之理。几年之后，李耳就以其渊博的知识、精奥的见识而名声大振，远近闻名。各国常常邀请李耳去讲礼乐、道德方面的知识。

春秋时称呼有学识的人为"子"，古代贵族有姓有氏，大家都称李耳为"老子"，以示尊敬。

周景王十年，鲁国聘请老子去讲学，住在一个叫巷党的地方，鲁国远近向他求学的人络绎不绝，其中最有名的一位是后来儒家学说的创始人——孔子。

孔子是一位有远大抱负、积极进取、热心政治的人。他精修诗书礼乐易春秋，以"仁政"游说诸侯，却处处碰壁，得不到施展才华的机会。史书记载，孔子问礼于老子，老子对他说：

真正圣明的人，要根据时代的变迁来做事，真正聪颖的人，要根据不同的事物变化来改变自己的做法。周礼是周公制定的，而周公早已去世了，肉体已经不存在了，剩下的只有他的言论。但是时代变了，环境也不一样了，旧的礼仪已经行不通了，你为什么明明知道行不通还去做呢？听说你去游说一些君主，让他们实行仁政，其实侍奉君主这种事，他能够真正重用你，你就可以辅助他，出谋划策，治理国家；如果君主不能重用你，你就应该隐退了，为什么还要强为他做事呢？

老子看看孔子，又说：

我听说，真正的富商虽然有万贯家财，但

却深深地隐藏起来，就像什么也没有一样；真正的君子仁人德行高尚而他的相貌却跟平常人一样。而从你的身上却可看出面带骄气，一副胸有大志的样子：人没有到声音就先传过来了，身体未到，就已感觉到了你带动的风，张张扬扬，就像老虎走在集市上一样。这样谁敢任用你呢？所有这些对你来说都是有害而无益的，应该把这些抛弃掉。我告诉你的，仅此而已。

孔子回去后，长叹一声对他的弟子说：

鸟，我知道它能飞翔；鱼，我知道它能游动；野兽，我知道它能奔跑。会奔跑的我们能用网抓住它，会游的我们能用钩子钓住它，会飞翔的，我们可用箭射取它。可是对于龙，我却不知道它为什么能乘风云而飞上浩浩长空？我今日见到的老子，就像龙一样，我捉摸不透。

的确，对老子的学说，千百年来众说纷纭，老子的身世、去向后人也不得而知，这更给老子其人、其学蒙上了一层神秘的面纱。

老子的学说，以清静无为、自隐无名为宗旨，在周任守藏室史官期间，修身养性，参悟天地变化之道、世事变迁之理，时间长了，看到周室日渐衰微，天下无道，诸侯相互征伐，战事不断，就隐居起来了，世人谁也不知道他去了哪里。

有传说老子活了160多岁，又有传说老子活了200多岁，神话传说老子长生不死，成了太上老君。

← 《老子像》 宋·马远

南京博物院藏《老子授经图》 清·任颐

史称老子见周将乱，乘青牛西出函谷关，关令尹喜先见其真气，知真人将过，果见老子，尹喜请其著书，遂得《道德经》五千言。此图正是尹喜拜见老子的场面。老子仙风道骨，须发皆白，神安气闲。青牛以干笔皴擦出皮毛质感，双目圆睁上视，神态可掬。人物着重面部的渲染刻画，线条简逸灵活，色彩清淡。

老子强著五千言

不要轻视闭门苦思的哲学家，因为他可以产生出雷霆万钧的力量。

——海　涅

　　老子所著《道德经》五千言，像是一部辞意练达的"哲学诗"，其中充满了对人生体验富有启发性的观念。

　　老子倡导自然无为，清静自守，认为最高准则的"道"，是不可言说的，如他说："道可道，非常道"，

←函谷关

"希言自然"，"道隐无名"等。老子认为：有智慧的人，必定是沉默寡言的。依老子的学说和性格，他为什么还要著《道德经》五千言以流传后世呢？

唐代的大诗人白居易就写了一首七言绝句，提出疑问：

> 言者不如知者默，
>
> 此语吾闻于老君。
>
> 若道老君是知者，
>
> 缘何自著五千文？

白居易说，老子既然如此说，那他本身自然是智慧很高了，可是他为什么自己还写了那么多个字呢？使得后世争论不休。老子主张有大智慧的不说话，不写文章，可是他自己写了5000字，究竟老子是愚笨，还是有智慧？这首

→《道德经》书影

诗读起来耐人寻味，的确很有意思。

实际上，在历史文献资料中有关老子的记载，说老子这本书是被逼写出来的。

自古以来，关于老子的去向问题，一直没有记载，《史记》也只说"不知所终"。《太平广记》中说他西度流沙，过了新疆以北，一直过了沙漠，到西域去了。究竟是去了中东还是去了印度，不知道。

但是，史书上提到一个人物——关吏尹喜，知道这位过关老人，是修道之士。据《神仙传》记载：有一天，这位函谷关的守关官吏，早晨起来望气（中国古代有望气之学，是一种观象术），看到有一股紫气从东方的中国本土，向西部边疆而来，因此断定，这天

必定有圣人过关。心下打定主意，非向他求道不可。

果然，一位须发皆白的老人，骑了一头青牛，慢慢地到函谷关来了。关吏向他索取关牒（相当于现在的通行证），老子拿不出来，正给了尹喜一个机会，他一本正经地说："没有关牒，依法是不能过关的。不过嘛，你一定要过关，也可以设法通融，咱得按规矩办，交点钱财就放你过关。"这时，老子似乎连买马的钱都没有，哪凑得出贿赂。好在尹喜志不在钱，所以尹喜说："只要你传道给我。"老子没办法，被逼写下了5000字的《道德经》，然后才得出关。西度流沙，不知所终。

尹喜得到老子传授的5000字的《道德经》后，潜心修习，最终果然也得道了，索性连官也不做了，连守关的移交手续也没办，挂官印而去，不知所终。

道教史书记载，老子之道传给关尹子，再往下传给壶子，列子，庄子。一路传下去，到了唐朝，道教摇身一变而为国教，而老子《道德经》一书，也成了道教的三经之首。道教三经，是道教主要的三部经典，包括由《老子》改称的《道德经》、由《庄子》改称的《华南经》、由《列子》改称的《清虚经》。

老子

→老子画像

内 在生命呼唤"道"

> 向外驰逐的精神将回复到它自身，得到自觉，为它自己固有的王国赢得空间和基地，在那里人的性灵将超脱日常的兴趣，而虚心接受那真的、永恒的和神圣的事物，并以虚心接受的态度去观察并把握那最高的东西。
>
> ——黑格尔

亚里士多德说，求知是人类的本性。人与动物的一个主要区别就是人有理性思维，能够赋予他所经验的世界以意义，总想给宇宙、社会和人生找到一个最终根据。在商周时代，天命的观念很盛行，天命就是有意志的天，就是我们常说的"老天爷"，老天爷无所不能，俯看大地，决定着人世间的一切，决定着国家的兴衰更迭，每个人的生老病死、福祸寿禄。按理说，老天爷该是很公正、公平的。但当时社会的实际情况是：周朝王室渐渐衰颓，周天子已经名存实亡，诸侯之间以武力称强，杀戮攻伐，征战不已。结果是百姓遭殃，黎民涂炭。争战过后，满目疮痍，白骨露于野。

这一切都是怎么造成的呢？老天爷为什么不睁开眼看看这个充满苦难的世界呢？孤苦无助的人祈求上苍也无济于事，于是人们对于上天的观念发生了动摇。在这种背景下，人们急需得到心灵的安慰，急想得到太平安宁的世界。那么什么是解救这个动乱不堪的世界的良药呢？老子提出了一个最根本的概念——"道"！

道字的最初意义是道路，后来引申为做事的途径、方法和原则。老子的道，实际上就是老子经过多年的学习修养，观察思考经验世界所体悟出的道理。

老子认为，道是产生并决定世界万物的最高实在。老子说："道生一，一生二，二生三，三生万物，万物负阴而抱阳，冲气以为和。"这是老子对宇宙生成过程的一种推测。老子认为有了道就有了混沌的统一体，这种混沌一体分化出"阴阳二气"，阴阳二气相互冲涌激荡，阳清之气升而为天，阴浊之气降而为地，于是万物由此产生。所以老子说："有物混成，先天地生，寂兮寥兮，独立而不改，周行而不殆，可以为天地母，吾不知其名，强字之曰道。"认为在天地之前，有一种混沌未分的东西，它寂静无声，虚渺无体，独立自存，不消不灭，循环运行，永不歇息。它可以称为天地的产生者，我不知道它的名字，暂且把它叫作"道"。

老子认为道是天地万物的总根源。他说："道冲而用之，或不盈，渊兮似万物之宗……吾不知谁之子，象帝之先。"意思是说道虽然是虚寂的，其作用却不会穷尽。深邃的样子好像是万物的始祖，我不知他来自哪里，好像它是上帝的祖先。在这里，老子用道的观念否定了上帝的至高无上的权威，这在当时人的思想观念中是一个重大的革命。连伟大如孔子，有时还讲"畏天命""获罪于天，无所祷也"，最多只能"敬鬼神而远之"，仅仅是怀疑一下上帝的存在而已。

老子认为道不仅产生天地万物，而且决定着天地万物的生存和发展。老子说："大道氾兮其可左右。万物恃之以生而不辞，功成而不有，衣养万物而不为主。"道是广泛的无所不在，万物依恃道而生存，道成就万物而不自以为有功。

在西方近代，有人把关于宇宙生成演化的学说称

↑陕西楼观台牌坊，相传老子在楼观台著《道德经》。

为"宇宙论",把关于存在的根据的学说称为"本体论"。这两个概念虽然是后有的,这两种学说却是古已有之,不仅西方有,而且中国也有。老子关于"道"的学说就包含了"宇宙论"问题和"本体论"问题。"道"生成演化万物就属于宇宙论问题,"道"决定万物的存在就是"本体论"问题。老子的论述虽然相当简洁,却已把这两方面的问题都提出来了,这是老子在中国哲学史上的突出贡献。

老子的哲学思想可以说以"道"为基础,由宇宙论伸展到人生论,又从人生论延伸到政治论。他看人生种种问题,是从宏观出发,而又能微观地作多方面的审视。道论是人的内在生命的呼声,是应和人的内在生命之需求与愿望所开展出来的一种理论。

老子认为这个"玄之又玄""惟恍惟惚"的"道"是真实存在的。我们不仅要问,世界上果真有老子所说的如此这般的"道"吗?它究竟是实际的存在,还是只是概念上的存在?关于这个问题,我们可以直截了当地说,"道"只是概念上的存在,是理智思维的结果,是人们认识世界、把握世界、解释世界的一种方式。

老子所说的道,如果从常识的观点来看,也许会认为它是没有意义的。例如说"道"是"惟恍惟惚"

的，是"独立不改"
的，是"天地之始"
"万物之母"，这一切
都是非经验性的词句，
都是在现实世界中无
法验证的。然而道的
问题却不可以用经验
知识的问题来处理，
它只是一种预设，一
种愿望，一个逻辑的
先在性。以此来解释
世界、社会、人生的
种种问题，越能自圆

← 老子出关

其说地解释这些问题，我们就说，这种理论越合理。
例如政治学上预计的"人人生而平等"，果真是人人生
而平等吗？对于"道"这个预设的命题，我们既不能
否认它，但也不能证明它。我们不能从存在的观点来
处理它，只能从预设的观点来讨论它。

　　实际上，老子关于道的论述，乃是人的内在生命
的一种真实感的抒发。他试图为变动的事物寻求稳固
的基础，更企图突破个人的局限，将个体的"我"从
现实世界的拘泥中超拔出来，将人的精神生命不断向

上推展，向前延伸，以与宇宙精神相契合。而后从宇宙的规律上，来把握人的存在，来提升人的存在。老子正是这样，从宇宙论落实到人生的层面，进而落实到政治的层面。

老子关于宇宙创生的说法，在思想史上是有重大意义的。"道"的提出，破除了上帝创造、主宰世界的说法。他说"道"为"象帝之先"，没有给"上帝"留下一点地盘；他说"天法道，道法自然"，人格神的观念在他哲学的园地上也销声匿迹了；他说"无为自化"，这种自然放任的思想，把人从古代宗教迷信的桎梏下彻底地解放了出来。老子所说的"天"，都是指自然而言，他消解了意志的天、作为的天，他把前人视

为无上权威、不可侵犯性的天拉下来，屈居于混然之"道"的下面，而成为漠然存在的自然之天。

形而上的"道"向下落实而成为人生准则的"道"，它对人所产生的意义就很显然了。这一层意义的"道"，具有"自然无为""虚静""柔弱""不争""处下""为而不恃，长而不宰，功成而不有"等等特性，从老子所倡导的这些"道"的基本特性中，我们可以体会出老子立说的用意。

老子立说的最大动机，是要缓和人类社会冲突。而人类社会冲突的根源，就在于剥削者肆意扩张一己的私欲、占有欲。所以老子提出"无为""质朴""无欲""谦退""不争"种种观念，都是意在减损人类占

有的冲动。

老子所处的社会——事实上从古到今所有人类的社会，有形和无形的争夺无尽期地在进行着。而战争的残杀，是有形争夺的事件中最惨烈的。战争的意义，令人感到惶惑。追根究底，这些战争与屠杀多半是为剥削者的野心和意气，而迫使多数人的生命去做无谓的牺牲。老子思想中，表现了强烈的反战意识，他说，锐利的兵器是不祥的东西，大家都厌恶它，所以有道的人不使用它。如果遭受强暴的侵凌，万不得已而应战，要"恬淡为上"。打了胜仗不要得意；得意，就是表示喜欢杀人。想想看，打胜仗就要杀死很多人，而每一个被杀死的人，都是和你一样的，从呱呱坠地，在母亲的怀抱里，被含辛茹苦地抚养成长，每一张年轻的脸上，可以体味出多少母爱，母爱之中蕴含了多少辛酸血泪，岂料无辜地被驱赶到战场上，在瞬间被打得血肉模糊，脑浆迸流。所以老子沉痛地说："杀人之众，以悲哀泣之，战胜以丧礼处之。"这是何等伟大的人道主义思想的流露！他以对人类的哀悯之心而提出"慈"字，要列强发挥慈心，爱养百姓而不可轻杀。在那兵祸连年的时代，在那争夺迭起的社会，老子苦口婆心，极欲解决人类的争端。

老子著书的动机虽是多方面的，然而从这方面作为出发点去理解，从这点上去体认，就可以看出老子仍是具有积极救世的心怀的，而且这种心怀是那样的深沉，以至于一般人都看不出来。

日本冈山县立美术馆藏《老子图》　清·法常

图中的老子，因鼻毛外露，被称为「鼻毛老子」。此幅中，老子招风耳、秃头、张巨口，鼻毛直挂唇边，形貌虽「丑」，却又「丑」中见「美」。仙风道骨，奇绝脱俗，尽得写意人物画之神韵。

自然而然是正"道"

人法地，地法天，天法道，道法自然。
——《老子·三十五章》

《庄子·天道篇》中记载：孔子想去周朝，把经书藏在周室。孔子的弟子子路建议说："我听说周朝掌管典籍的史官老聃，隐居在家，先生要藏书，可以请他帮忙。"孔子说"好"，于是去见老子，老子却不答应。于是孔子就说明诗、书、礼、乐、易、春秋六经的重要性，试图说服老子。老子问孔子："六经最主要的宗旨是什么呢？"

"是仁义。"孔子回答。

"仁义是人的本性吗？"老子问。

"是这样。作为人不以仁为处事准则就不能称为君子，不以义来衡量自己的行为就不能立足于世。仁义是人之所以为人的理由，仁义是人的本性。"孔子回答。

老子又问:"那么仁义又是什么呢?"

"仁者爱人。作为一个人,就要心地厚道而没有邪念,普爱天下众生而不偏不倚,做事利于民众而没有私心,这就是仁义的基本含义。"孔子回答。

老子不同意孔子的说法,他说:

"普爱众生,那不是太迂阔了吗?把无私这样的话一说出来,就已经是有私心了。像现在这样的世道,人一出生就遇到战乱残杀,哪里还谈得上兼爱呢?人们互相攻击残杀,都是为了私人的利益,互相攻击的结果却是两败俱伤,自己的利益也没能得到满足。于是人们就转而讲无私,以避免自己受到攻击伤害。这里的无私不就是有私吗?"老子接着又说:

天地,没有人去推动它而它自己却在日夜运行;日月,没有人去点燃它们,而它们却照亮宇宙四方;星辰,没有人去约束它们,而它们自己却排列得井然有序;飞禽走兽,没有人去创造它们,而它们自己却繁衍不息。所有这些都是它们自然的本性啊!同样,人的生死荣辱也都有其自然的道理,依照这些自然的道理,人的本性也就蕴含其中了,何必要不停地讲礼仪仁义之事呢?就像小孩不愿呆在家里逃了出去，而你却敲锣打鼓去找他，那只会使他更快地逃走，结果是越跑越远。你强行提倡仁义道德，不仅不是人的本性，而且把真正的人的本性丢掉了。真实的自然之理才是事物的根本，按照自然之理去为人做事，才符合人的本性啊！

这是两位文化巨人的对话，谁对谁错，姑且不论，但老子在这里流露出的却是自然无为的思想。老子说："人法地，地法天，天法道，道法自然。"人效法地，地效法天，天效法道，道是最根本的存在，是最终的根据，道可以为天所效法，自己却无所效法，道是自

←河南登封中岳庙《道德经》墙

→《道德经》摩崖石刻

然而然的，是自然如此的。老子还说："道常无为而无不为。""道常无为"是说道的一切作用都是无目的的，是自然而然的。"无不为"是说，道虽然不是有意为之，但却又能产生天地万物，事物的发展又都离不开道的作用。老子认为"无状之状，无象之象"的道是不同于有形有象的事物的，但道却又像有形有象的。道一样是真实存在的，而且是万象万状的总根源和总根据。老子的逻辑是：万物的本原必然不同于万物中的一物，产生万物的世界本原不可能是某种具体形态的事物，这正如桌子不可能产生椅子，棉花不可能产生小麦，任何具体存在都不可能产生一切存在，任何具体事物都不可能产生丰富多彩、形形色色、无穷无尽的事物。

老子的思考方式显然不同于古希腊人以水为万物的始基，也不同于古代印度把地、水、火、风作为万物的材料。老子不在具体事物中寻找万物的本原，而相信万物的根源和共同本质不同于任何一种具体存在物，这一思想是很合理的，反映了更高的理论水平。

由老子的"道法自然"的思想，自然而然地引申出"自然无为"的思想。老子认为任何事物都应该顺其自身的情状去发展，而不必由外界的因素去制约它。

老子之所以提倡"无为"，是有当时的社会背景的，是针对当时统治者太"有为"的缘故。老子看到当时的统治者不足以有所做为，却偏要妄自做为，劳

a taker.Must begin as a taker.Must begin as a

be stretched.Whatever is to be weakened.Must begin by

What is in the end to be shrunk.Must first

固兴之；将欲夺之，必固与之。

——出自《道德经》三十六章

弱之，必固强之；将欲废之，必

将欲歙之，必固张之；将欲

取予之则

→中岳庙《道德经》墙

民伤财，结果给人民造成了很大灾难。所以老子说："民之饥，以其上食税之多，是以饥；民之难治，以其上之有为，是以难治。"在上者吞食税赋，官府只是为少数人的利益服务，而成了压迫人民的工具，成为对大众的暴虐。老子看到统治者"有为"的祸害已经非常严重了，所以他说："天下多忌讳，而民弥贫……法令滋彰，盗贼多有。"禁忌太多了，弄得人手足不知所措；法令森严，把人民捆得动弹不得。严刑加重税，弄得民不聊生。老子看到当时的统治者侵公肥私，过着奢侈的生活，掌权的人身带利剑，发威逞强，而在饥饿和死亡边缘的人们却敢怒不敢言。老子气愤地骂道："是谓盗夸，非道也哉！"这简直就是强盗头子！然而逼迫过甚，就会产生大的祸乱。所以老子说："民不畏死，奈何以死惧之。"假如人民被逼到实在活不下去的境地，那就只有铤而走险了。即使用死亡去威吓他们，也不会产生阻吓的效果了。老子深深地觉察到那些自认为是他人命运的裁定者，自以为有资格对别人发号施令的人，正是造成人间不平等与残暴的根由。所以老子极力呼吁为政要"无为"。在他看来，这是唯一的釜底抽薪的办法。

老子说："治大国者，若烹小鲜。"治理国家，要像煎小鱼那样，不能总翻动它，否则就翻碎了。"功成事遂，百姓皆谓我自然。"是说官府的作为以不干扰人民为上策，官府的职责在于辅助人民，功成事遂，百姓并不感到官府力量的存在，反而觉得是自我发展的结果。在百姓丝毫不感到官府干预的情况下，大家都感到十分的自由自在。"我无为而民自化，我好静而民自正，我无事而民自富，我无欲而民自朴。"这就是官府无为的结果。

老子提倡"无为"，并不是什么事都不做，并不是不为，而是含有不妄为的意思。老子说："为而不恃""为而不争"，这说明老子还是要"为"的，他并不反对人类的努力，他鼓励人去"为"，去做，去发挥主观能动性，去贡献自己的力量，只是他叫人不要把持，不要争夺，不要用努力的成果去扩张一己的占有欲。

老子"自然无为"的主张是有它的历史背景的。在上古"日出而作，日落而息，帝力于我何加焉"的自给自足社会中，官府在一般人的生活中并不重要。18世纪西方曾流行一句口号："最懒惰的政府是最好的政府。"那时的政府，并没有什么重大的事情可做。主

要的工作就是组织人民修修道路而已。但是21世纪的今天，情况就大不一样了，政府要统筹办理太多的事情，要做到"无为"已经是不可能了。

←《老子骑牛图》 宋·晁补之

祸兮福所倚，福兮祸所伏

反者道之动，弱者道之用。
——《老子·四十章》

道虽然是无形而不可见，恍惚而不可随，但它作用于万物时，却能表现出某种规律。所以老子说："反者道之动，弱者道之用。"自然界中万事万物的运动变化的规律就是"反"：一方面事物向相反的方向运动发展，另一方面事物的这种运动发展最终要返回到原来始基的状态。而道在发生这种作用时又是隐晦的，不明显的。

老子认为一切事物都是相辅相成、在相反对立的状态下形成的。所以老子说：

有无相生，难易相成，长短相形，高下相倾，音声相和，前后相随。

有与无是相对而言的，有了"有"才有所谓的

"无"，有了"无"才有所谓的"有"，没有"有"也就无所谓"无"，没有"无"也就无所谓"有"。"有"可以转化为"无"，没有的事物可以演化诞生，即"无"可以转化为"有"。

难易、长短、高低、前后的关系也是这样。老子举例说："三十辐共一毂，当其无，有车之用。埏埴以为器，当其无，有器之用。凿户牖以为室，当其无，有室之用。故有之以为利，无之以为用。"30根辐条凑集在一个轴圈上，因为轴圈（中间）是空的才能穿过车轴，形成车子。揉黏土烧成陶器，陶器中空才有它的功用。建造房屋开门窗，房子和门窗中空才有房屋门窗的作用。所以由于"有"给人们提供便利，而

"无"才显示出实际的功用。老子能在普通的日常生活现象中发现别人所没有看到的哲理，揭示了不为人所注意的"无"的功用和价值，表现了他非凡的观察力和思考力。

把对立面相互依存的道理用于观察社会生活，老子得出了"贵以贱为本，高以下为基"的结论。揭示了"贵"与"贱"、"高"与"下"的辩证关系。一般人尊崇"贵"，贬低"贱"，追求"高"，鄙视"低"，老子则特别指出有"贱"才有"贵"，有"低"才有"高"，这里包含了高高在上的统治者必定以广大民众为自己的生存基础的道理，这也是高于一般人认识的杰出见解。

"道"的"相反相成"的规律对人间的价值判断也是起作用的，"天下皆知美之为美，斯恶已；皆知善之

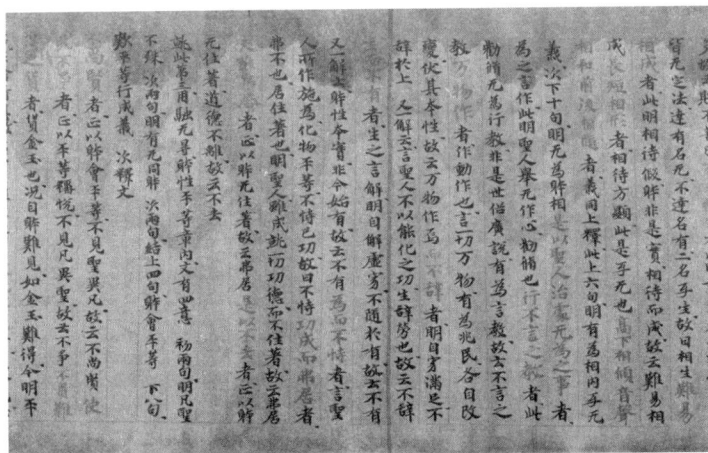

→ 小楷《道德经》 唐·傅奕

为善，斯不善已。"美与丑相对而生，善与恶相较而彰，这是审美判断与道德判断中对立概念相依而存的实例。

老子不仅看到了事物"相反相成"，而且进一步说明对立面相互转化的道理。老子说"祸兮福之所倚，福兮祸之所伏。孰知其极？"灾祸中隐藏着幸福的萌芽，幸福中埋藏着灾祸的种子。

明刻本《老子道德真经》书影

《淮南子》记载：古时边塞上有一位有道术的人，他养的马不知什么原因丢失了而跑到了北方胡人那里。大家都去安慰他，他说："谁能说这不能带来福气呢？"过了几个月，那匹马却领回一匹胡人的骏马，大家都去祝贺他，这个人说："谁能说这不能带来祸患呢？"这个人家里很富有，又有好马，他的儿子喜欢骑马，不料从马上掉下来摔断了腿。大家都去安慰他，这个人说："谁能说这不能变成福气呢？"过了一年，北方胡人大举入侵边塞，年轻健壮的都背弓带剑参加战斗，边塞附近的人，10个年轻人中就有9个战死。而这个人的儿子只因为腿跛没有被征当兵，从而父子得以保

→宋刻本老子《道德经古本集注》

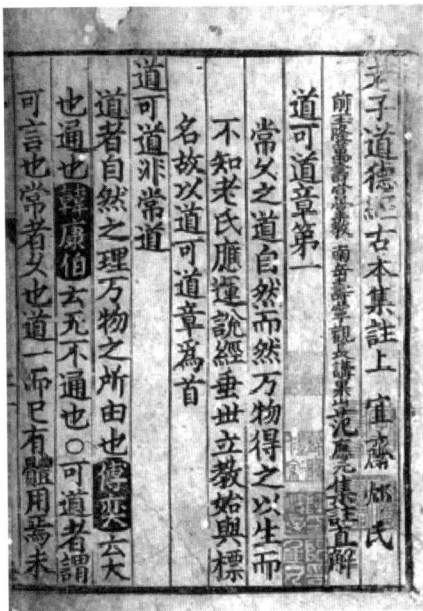

全。所以说幸福变为祸患，祸患转化为幸福，其中的道理真是莫测高深呀。

此外老子还说："曲则全，枉则直，洼则盈，敝则新，少则得，多则惑。"从多方面论证了对立面的相互转化。这个道理，我们在经验世界中也处处可见。我们经常可以看到一个人处于祸患的境遇中，反倒激发他奋发的心志，使他迈向广阔的途径；我们也经常可以看到一个人处于幸福的环境中，反倒养成他怠惰的习性，使他走向颓败的路子。正如《史记》记载：昔西伯拘羑里而演《周易》；孔子厄陈蔡而作《春秋》；屈原被放逐而著《离骚》；左丘失明厥有《国语》；孙子膑脚而论兵法；不韦迁蜀世传《吕览》；韩非囚秦《说难》《孤愤》；诗三百篇，大抵贤圣发愤之所为作也。这也正是人们常说的"自古英雄多磨难，从来纨绔少伟男"。

　　老子不仅洞察到了事物相反相成、互相转化的规律，他还认为，循环运动也是"道"发挥作用的规律。他说：

　　有物混成，先天地生，独立而不改，周行而不殆……强字之曰道，强为之名曰大，大曰逝，逝曰远，远曰反。

　　夫物芸芸，各复归其根，归根曰静，是谓

成都青羊宫三清殿

　　青羊宫地处原青羊肆，传说老子骑青牛过函谷关，为关令尹喜讲《道德经》，讲到一半，老子对尹喜说："子行道千日后于成都青羊肆寻吾。"千日后老子如约而至，在这里继续对尹喜讲经说法。

复命。复命曰常，知常曰明，不知常，妄作凶。

老子从万物蓬勃的生长中，洞悉到了往复循环的道理。他认为纷纷纭纭的万物，最后终于又各自返回到它的本根，返回到一种虚静的状态。在老子看来，"道"是合乎自然的，虚静是自然状态的，"道"创生万物以后，万物的运动发展就越来越离开"道"了，离"道"越远，就越不合乎自然了，万物的烦扰纷争都是不合自然的表现。所以只有返回到本根，持守虚静，才合乎于自然，才不起烦扰纷争。

列宁曾经说过："可以把辩证法简要地确定为关于对立面统一的学说，这样就会抓住辩证法的核心。"所谓对立面的统一主要包括两个方面，第一，对立的双方互相依存，互为对方存在的条件；第二，对立双方在一定条件下可以相互转化，各自走向自己的反面。老子的思想学说虽然对辩证法没有做如此清晰完整的论述，但在老子五千言中，对立面相互依存和相互转化的观点已经表达得相当充分了，应当说老子思想已经抓住了辩证法的核心。老子是我国历史上第一个比较系统地提出辩证法理论的哲学家，这不能不说是对中国哲学史的一个重要贡献。

《老子像》 唐·吴道子

寻找精神的家园

未经审视的生活是没有意义的。
——苏格拉底

司马谈《论六家要旨》中说，道家思想是"以虚无为本"的。可见"虚"的概念在老子哲学思想中的重要性。老子说："致虚极，守静笃。"老子认为万事万物的总根源"道"是"虚""静"状态的，面对世事的纷争搅扰，要体认"道"，就要通过致虚守静的途径，这是道家修道的原则和方法，而且这种方法本身也是符合"道"的要求的。

"致虚极"是一种什么样的状态呢？老子喜欢用谷来比喻"虚"，他说"上德若谷"。我们常用"虚怀若谷"来形容某种心境，达到这种心境的人就可以称为上德之人。

"虚"这个观念相当于佛家的"空"的观念，空并不是什么都没有，而是指任何事物都不滞留于心，虽有似无。道家讲修道的过程，"炼精化气，炼气化神，

安徽亳州道德中宫内有《道德经》石刻

炼神还虚"。真正达到"虚极"的境界时，不但没有身形人我的感觉，连这个物质世界、意识影像，甚至虚空的感觉都没有了，这就是咱们平常所说的"空灵"的境界。

把"虚"这个观念应用到人生方面时，它还含有"深藏"的意义。《史记·老庄列传》上说："良贾深藏若虚。君子盛德，容貌若愚。""深藏若虚"和一瓶不满半瓶摇晃，刚好形成鲜明对比。

"虚"的反面是"实"，是"盈"，"实"含有成见的意思，"盈"表示自满的意思。老子说了许多关于自满所产生的弊病。他说："自见者不明，自是者不彰，自伐者无功，自矜者不长。"自己逞强发表自己的意

见，反而自己不明所以；自以为是的，反而不得彰显；自己夸耀自己、自吹自擂的，反而不见有什么功劳；自我矜持的，反而不得长久。从"道"的观点看，这些急躁炫耀的行为都是违反自然的行径，有"道"的人是不这样做的。老子还说"持而盈之，不如其已；揣而锐之，不可长保"。执持盈满，不如适时停止；显露锋芒，锐势难保长久。老子这些话都是提醒人们不要自满，要深藏。正如毛泽东所说"谦虚使人进步，骄傲使人落后"。

"虚"的本然状态是"静"，老子重视"虚"，也必然重视"静"。老子说：

> 夫物芸芸，各复归其根，归根曰静，是谓
> 复命。

万物蓬蓬勃勃地生长，老子在万物蓬勃生长的现象中，看出往复循环的道理。在他看来，万物五彩缤纷，千姿百态，但是最终总要返回到本根，而本根之处，乃是至虚至静。

"守静笃"讲的是修道的功夫，是要你专心致志，心无旁骛。用禅宗黄龙南禅师的话形容即是："如灵猫捕鼠，目睛不瞬，四足据地，诸根顺向，首尾直立，

拟无不中。"一只精灵异常的猫，等着要抓老鼠，四只脚蹲在地上，头端正，尾巴直竖起来，两颗锐利的眼珠直盯将到手的猎物。聚精会神，动也不动，随时侍机一跃，给予至命一击。这是形容一个参禅的人，作功夫精神集中，心无旁骛的情况。修道也是这样，不如此，道功就无法成就。

← 河南鹿邑太清宫镇老子诞生处

　　这里的"守静"，绝不是指形体上的一动不动，如像现在练气功那样，当然，这也可以算是"守静"的一种表现，但在老子那里，更多的是指精神上的"守静"，求得精神上的安宁。而这点又是首先从政治方面立论的。老子说"清静为天下正"，可见"清静"的作用是多么大。老子又说"不欲以静，天下将自定"。如果不被贪欲所激扰，才能达到清静的境地，也就是"无欲"的状况。这样的结果就是"我好静，而民自正……我无欲，而民自朴"。在老子看来，统治者若能清静而不纵欲，社会才能走向安定的路子。"静"的反面是急躁、烦扰。我们从反面来看，更可以了解老子

重视"静"的原因。老子说:

> 重为轻根,静为躁君。是以君子终日不离
> 辎重;虽有荣观,燕处超然,奈何万乘之主,
> 而以身轻天下?轻则失本,躁则失君。

老子认为,一个统治者,在日常的生活中必须要稳重,持守"静重"。一个人虽然享有豪华的生活,却能安居泰然,这就是清静的表现。然而老子目睹当时的统治者,过着奢侈糜烂的生活,一副轻率急躁的样子,所以他感慨地说:为什么身为大国的君主,还把自己看作是天下最轻的东西呢?执政者不宜轻率急躁,尤其不可骚扰民安。他看到当时统治阶层生活纵欲无度,沉溺于感官的刺激,追逐声色犬马之乐,于是他发出警告说:"五色令人目盲,五音令人耳聋,五味令人口爽,驰骋田猎令人心发狂。"他唤醒大家要在多欲中求清静,保持心灵的安宁,去体悟"清静无为"的"道"。

老子不仅主张为政要"清静无为",而对个体的人来说,更要在烦劳中求静逸。"天下熙熙皆为利来,天下攘攘皆为利往"。许多人都在为各自的利益终日奔波。有的甚至为了一己的欲望不惜杀人越货,结果最终是"人为财死"，这样人生的意义决定于外物的存在，这不太可悲了吗？所以老子要人在繁忙中静下心来，在急躁中稳定自己。俗话常说"心静自然凉"，又说"静以制动""以逸待劳"。这些"动中取静"的道理，早已为一般人的生活实践所接受。"宁静以致远，淡泊以明志"。只有在内心无欲清静的状态下，才能更深刻地体验感受到深隐无为的"道"，也才能更强烈感受到生命的意义。

老子提出的"虚静"等观念，是对生活具有批评性与启迪性的观念。"虚静"的生活，蕴涵着心灵保持凝聚含藏的状态。唯有这种心灵，才能培养出高远的心志与真朴的气质，也唯有这种心灵，才能导引出深厚的创造能量。正如我们常说的"心底无私天地宽"。反观现代人的生活，匆促浮华，自然难以培养出深沉的思想；繁忙躁动的生活，实足以扼杀一切伟大的创造心灵。时代和科学技术的不断发展进步，却使我们越来越感到不堪忍受的文化、知识的重负。财富积累越来越多，却使我们越来越感到生活的窘迫；我们常常觉得生活很累，却又无可奈何；我们常常感到身不由己，却不能停下来休息。所以老子恳切地呼吁人们重视一己内在生命的培养，从这个层面来说，对于现代这种浮光掠影式的生活形态与心理样态，老子的呼声，未尝不具有深刻的意义。

南京博物院藏《道家炼石图》 清·任颐

此图写道士炼石，取纵向构图，淡墨疾笔钩研奇石。人物面部刻画细致，神情生动传神。背后的苇草以双钩填彩写出。画面由下至上，形成色彩上的流动和笔法上的疏密变化。体现出作者小写意人物画的精湛技艺。

柔弱胜刚强

天下之至柔，驰骋天下之至坚。
——《老子·四十三章》

老子常用水做比喻来说明柔弱胜刚强的道理，老子说：

> 天下莫柔软于水，而攻坚强者莫之能胜，以其无以易之。弱之胜强，柔之胜刚，天下莫不知，莫能行。

老子认为世间没有比水更柔弱的，然而攻击坚强的东西，没有能胜过它的。我们看到屋檐下滴滴点点的雨水，经长年累月可以把一块巨石穿破；洪水泛滥时，淹没田舍、冲毁桥梁，任何坚固的东西都抵挡不了。水是至柔的东西，但却具有攻无不破的特点，无论是多锋利的刀，无论是用多大的力气，都不能把水切断，只能是"抽刀断水水更流"。所以老子说，柔弱是胜过刚强的。在这里也可以看出，老子所说的柔弱并不是通常所说的软弱无力的意思，而是其中包含无比坚韧不克的性格。

柔弱的作用，用到人生方面，老子认为"柔弱胜刚强"。他说：

坚强者死之徒，柔弱者生之徒。

人之生也柔弱，其死也坚强。草木之生也柔脆，其死也枯槁……是以兵强则灭，木强则折。

老子通过经验世界的这些例证，说明"坚强"的东西是属于死亡的一类，柔弱的东西是属于生存的一类。他以人为例说人活着的时候，身体是柔软的，死了的时候，就变成僵硬的了。草木也是这样。欣欣向荣的时候，形质是柔脆的，花残叶落的时候，就变成干枯了。老子从事物的内在发展状况来说明"坚强"的东西已失去了生机，"柔弱"的东西则充满着生机。

如果从事物的外在表现来说，"坚强"的东西之所以属于"死之徒"，乃是因为它们显露突出，所以当外力逼近的时候，便首当其冲了。所以说"揣而锐之，

不可长保"。才能外显，容易招致猜忌陷害，这正如高大的树木，容易引人来砍伐，这是人为的祸患。自然的灾难也莫不如此，"木秀于林，风必摧之"。台风吹袭，高大的树木往往摧折，甚至连根拔起。而小草却能随风起舞，只是由于它的软弱，反倒能随风飘摇，永不会被吹折。正像俗语所云"狂风吹不断柳丝，齿落而舌能长存"。

老子"柔弱"主张提出的社会背景，是针对当时"逞强"的作为而提出的。逞强者必然刚愎自用，自以为是，也就是老子所说的自矜、自伐、自是、自见、自彰。世间的纷争多是由这种心理状态和行为状态所产生的，所以老子提出"柔弱"的主张。由柔弱的主张自然而然又会引出"处下""不争"的观念。

老子要人"利物而不争""为而不争"。其实，老子的"不争"，并不是一种自我放弃，并不是对于一切事、一切人的放弃，也不是逃离社会或遁入山林。他的"不争"的观念，乃是为了消除人类社会不平的争端而提出的。他仍要人去"为"，而且"所为"要能"利万物"。"为"是顺着自然的情状去发挥人类的努力，而人类努力所得到的成果，却不必据为己有。所以老子的"功成而弗居""功能而不有""功成名遂身退"，都是这种"不争"思想的引申。

老子说："功成，名遂，身退，天之道也。"个体的人只有坚持"不争""处下"才合乎"天道"，才能全身而退，得到圆满结果。

春秋时期，范蠡辅助越王勾践卧薪尝胆，苦身戮力，共同奋斗20多年，一举灭了吴国，报了会稽相会时的耻辱，然后又出兵齐、晋，号令诸侯，成为春秋五霸之一。越王勾践称霸以后，封范蠡为上将军。范

→遂宁蓬溪高峰山老君像

蠡认为盛名之下，难以久居，越王勾践这个人可以共患难，难以同享太平。于是带些财物与私属，泛舟太湖，隐居起来了。后来做买卖赚了很多钱，天下称其为陶朱公。这是"功成身退"最好的典型。

与此相对的是与范蠡共事的越国大夫文种，文种也是越国灭吴的大功臣，越国称霸后，文种还想辅助越王勾践建立更大的功业，以使自己成为千古名臣。范蠡隐居后，从齐国给文种来了一封信，信中说："飞鸟尽，良弓藏；狡兔死，走狗烹；功成就，谋臣亡。越王为人长颈鸟喙，可与共患难，不可与共乐。子何不去？"文种接到信后，略有觉醒，但还是对越王抱有幻想，于是便假装有病不上朝。果然不久就有人诬陷文种要反叛作乱，越王趁机赐文种宝剑，派人对文种说："你教我征伐吴国7种方法，我用了你的3个计策就灭了吴国，还有4个方法在你手里，你替我到死去的先王那里去试一试你的办法。"文种听了此言，只好饮剑自杀。

另一个典型的人物是汉留侯张良，张良本是韩国人，韩为秦所灭后，为报秦灭韩的大仇，张良曾求得一大力士，在博浪沙行刺秦始皇，天下震动。后辅助刘邦，为其出谋划策，刘邦称赞他"运筹帷幄之中，决胜千里之外"。功成之后，张良也曾想"身退"，虽然不恃功自骄，自谦退求封于"留"地而为"留侯"，却"退"得不够彻底，不能再加上三点水而一"溜"了之。他本人也学辟谷、导引，以自己身为半仙的道行，最终仍免不了受吕后的饮食毒害而死。

郭子仪是历史上做到富贵寿考四字俱全的名臣之一，他勇敢、沉着而有谋略。朝廷需要他时，一接到命令，不顾一切，马上行动。等到上面怀疑他，要罢免他时，他也是不顾一切，马上就回家吃老米饭。所以屡黜屡起，国家不能没有他。郭子仪的立身处事，真正做到了"用之则行，舍之则藏"，不怨天、不尤人的风格，处处合于老子的"冲而用之或不盈"的大经大法。

老子之所以大力倡导"柔弱""处下""不争"，最根本的是他洞悉了事物的转变规律，事物总是以成对的矛盾的形式出现的，矛盾双方相反相成，在一定条件下，正可变为反，反也可变为正。那么在什么样的情况下，才能变不利为有利呢？即如何以柔弱胜刚强；如何避免在有利的情况下向不利方面转化，即如何知雄守雌。老子说：

> 将欲歙之，必固张之；将欲弱之，必固强之；将欲废之，必固兴之；将欲夺之，必固与之；是谓微明，柔弱胜刚强。

这是一种欲取先与的方法，以促进双方的转化。老子又说：

> 大成若缺，其用不弊。大盈若冲，其用不穷。大直若曲，大巧若拙，大辩若讷，大赢若绌。

最完满的状态好像是有缺陷的，其作用却不会衰敝。最充实的状态好像是空虚的，其作用却不会穷尽。最正直的好像有些弯曲，最灵巧的好像笨拙，最雄辩的好像有些口讷，最盈足的好像有所亏损。不论什么事物，只有容纳了它的反面才是最完备、最理想的状态，也才能"其用不弊""其用不穷"。即可以避免走向反面。老子又说：

> 明道若昧，进道若退……大音希声，大象无形。

"明道若昧"才是真正的光明，"进道若退"才能真正前进。老子认为"正面"中包含着"反面"，才是圆满的正面，只有正反结合才能达到高一级的"正"，才能使"正"不致于很快变反。由此出发，老子主张"知其雄，守其雌""知其白，守其黑""知其荣，守其辱"。即主张虽有雄健之势，却甘居于雌弱之地；虽自身洁白，却甘处于黑暗之处；虽自知其光荣，却甘心承受卑辱。

无论是争取由弱变强还是避免由强变弱，老子的基本方法都是由反入手，以反求正。首先把自己摆在最低下、最不利的境地，如有变化，也只会越变越好。我们常说"凡事从最坏处着想，向最好处努力"，也是这个道理。

老子提出的以反求正的方法是老子的辩证法达到纯熟的一个标志。这说明他对矛盾的普遍存在及对立面的相互转化已经有了深入的理解，对于矛盾的转化条件和规律有了一定的把握，因而他或主张推动这种转化以达到自己的目的，或主张避免这种转化以保持有利的地位。

老子的朴素辩证法在其同时代的世界哲学史上是很少有人能与之相比的，对中华民族的思想方法产生过巨大的影响，他不愧是中华民族伟大的辩证法家。

←中国台北故宫博物院藏《老子骑牛图》 明·张路

两个文化巨人的对话

> 天下一致而百虑，殊途而同归。
> ——《易·大传》

　　相见、会见是我们生活中经常遇到的事，但相见的方式却各有不同，相见产生的作用也都不一样。仇人相见则分外眼红，他乡遇故知则是人生一大喜事之一；"相逢一笑泯恩仇"者有之，"相见时难别亦难"者也有之；近代如雅尔塔英美苏三巨头的见面，决定了二战的命运；尼克松与周恩来的握手，揭开了中西方敌对的铁幕。那么距此2500年前中国古代两个文化巨人——老子与孔子的会面，对我们后世有着怎样的影响呢？实在是不好估量。但有一点是没有疑问的，即当我们一谈起中国历史、中国文化，就不能不说到这两个人，就不能不到他们那里去问个明白。

　　关于孔老相会和孔子问礼于老子的故事，《史记》中《孔子世家》与《老庄申韩列传》中均有记载。此外还见于《礼记·曾子问》（四次）《庄子》（五次）

《孔子家语》《吕氏春秋》。可见孔老相会的佳话在春秋战国时期是很流行的，也必定很有影响。在孔子问礼于老子的记载中，有抑低孔子的话语，但儒家书中还是照记不误，这说明孔老相会是确定无疑的。

大凡古今中外的哲学家，在他们的哲学思想中，大都要解决下面两个问题：即人的本性是什么？人为什么活着？孔子与老子也不例外，也都对这两个问题给予了回答。

孔子认为"仁义"是人的本性。人和动物是有区别的：

鸟兽不可与同群，吾非斯人之徒与而谁与？

人之所以为人，就在于人有"仁义"。孔子所著《易·系辞》中也说："是以立天之道曰阴与阳，立地之道曰柔与刚，立人之道曰仁与义。"

而老子则说：

大道废，有仁义；智慧出，有大伪；六亲不和，有孝慈；国家昏乱，有忠臣。

老子认为"仁义"不是人的本性中自然就有的，自然无为才是人本真的存在状态，才是人的本性。因为自然无为合于"大道","人法地，地法天，天法道，道法自然"。人道和天道是统一的，人和世界万物一样，自然而生，蓬蓬勃勃；自然而死，枯萎飘散。人要固守自己的自然本性，柔弱处下，不争不恃。"是以圣人处无为之事，行不言之教。"只有这样，才能天下太平，没有纷扰。正如鱼在水中，不觉得水的重要；人在空气中，不觉得空气的重要。大道兴隆，仁义行于其中，自然不觉得有倡导仁义的重要。等到崇尚仁义的时候，说明人已经不"仁义"了，自然无为的本性已经丧失了，社会已经不淳厚了。

孔子说："的确这样。现在社会的确是动荡不堪，周室衰微，诸侯征战不已，人民生灵涂炭。而人不该是这个样子的呀！人与人之间要相互友爱，难道我们每个有血缘关系的家庭里的人不都是很友善吗？相互间不都有一种亲人的感觉吗？整个人类中如果每个人都认识到这点，如果人人都奉献爱，那世界不就太平了吗？"

老子说："那我给你讲个例子。你看到干涸的车辙里有两条鱼了吗？这两条鱼为了活下去，互相之间呵气以求生存（相濡以沫），这好像是很仁义了吧！可如果它们都回到大海里，各自自由自在地畅游，相忘于江湖，好像无情无义，实质上它们都会感到很自由，

因为鱼在水里游合乎它们的本性。所以说失去了道而后才有德，失去了德而后才有仁，失去了仁而后才有义，失去了义而后才有礼。而礼是祸乱的开端。"

孔子说："我讲礼是让人们都明白自己该做什么，不该做什么。君主要像君主的样，臣子要像臣子的样，做父亲的要像父亲的样，做儿子要像做儿子的样。每个人都知道了自己的身份和地位，都做自己该做的事，循规蹈矩，世界不就由无序走向有序，由混乱走向太平了吗？"

老子说："人生如白驹过隙，方生方死，为什么要有高低贵贱之分呢？而一旦有了高低贵贱之分，则人莫不尊高贵、鄙低贱，于是本来纯朴的心有了争强好胜之意。所以从前善于治国的人，不是去教人民精巧，而是使人民淳朴。人民所以难治，乃是因为他们使用太多的智巧心机。用智巧去治理国家，是国家的灾祸；不用智巧去治理国家，是国家的幸福。所以要抛弃聪明和智巧，人民就可以得到百倍的好处；抛弃仁和义，人民就可以恢复孝慈的天性；抛弃巧诈和货利，盗贼自然会消失。圣智、仁义、巧利这三者全是巧饰的，不足以治理天下。所以要使人有所归属，保持朴质，减少私欲，抛弃圣智礼法的学问，那么就没有什么可忧虑的了。再者说，高低贵贱有什么标准呢？谁能保证人们不借行仁义之名而谋一己之私呢？窃钩者诛，窃国者为诸侯，不也是常有的事吗?！人心本来是纯朴洁净的，没有杂乱的知识，也没有欲望，顺乎自然之道做事生活。日出而作，日落而息，帝力于我何加焉！没有杂乱的知识，就不会欺诈，不会作恶，无恶也就无所谓善；没有贪心也就无所谓仁义不仁义，更无须劝人去行善。劝人行善乃是扰乱人心的一种举动。人心最忌讳干扰；压抑它就会消沉，赞扬它就会轻浮，一会儿压抑，一会儿赞扬就会导致情绪大乱。顺从人的本性，让人的心平稳洁净，自然无为，天下就会治理得很好；违背人的本性，扰乱人心勉强行善，天下就会大乱。所以说仁义是祸乱之首啊！"

孔子说："现在的情况是天下正在大乱呢，如果不推行仁义、礼仪，去劝导人，约束人，而任其自然发展，是不是就这样一直乱下去呢？况且我现在推行的仁义、礼仪，是根据古代尧、舜、禹、周文王等先圣的教导，经修改而成诗、书、礼、乐、易、春秋，为什么古人行仁义而天下大治，而我到各国去倡仁义、推仁政而处处碰壁呢？"

老子说："真是幸运啊，亏得你没有遇到听你学说的君主，不然天下就更乱了。你所讲的六经，那都是先王的陈迹了，岂能是先王行事的真正道理呢？你所

说的，就像是人的足迹，足迹是由鞋子踩出来的，但足迹并不是鞋子本身。熟悉足迹而没有触及到鞋子，传述先人事迹却不知事迹隐含的真正道理，不就像飞蛾扑火吗？蛾，一种小的飞虫，总是喜欢迎着光亮飞行，却不知道这光亮是从哪里来的，因此遇火而亡。由此可以看出，要想得到大道，就要去掉事物外在的东西，寻求其内在的至理。"

"黄帝当年治理天下，能够使民心淳朴，天下泯然一家，彼此之间不分亲疏，因此当时有父母亡故而不哭泣的，大家也并不引为怪事，没有责备他的；尧治理天下时，使人们各自亲爱自己的亲人，大家的亲疏关系就有了差别，因此当有人为了他特别亲爱的人受侵害而杀人的，别人也不因此责怪他；舜治理天下的方法，是使天下人之心竞相争先，于是有传说孕妇提早就生下了孩子，小孩子5个月就会说话，人们对这些也都不以为怪；到了禹治理天下时，人心已变得狡猾机智，有了私念，杀了一个强盗并不叫杀人，于是论辩始生，纷争四起。三皇五帝治天下，名义上是治天下，实际上是乱天下。三皇五帝的智慧，对上搞乱了日月星辰的光明，对下违背了山川原野的本性，中间扰乱了四时的运行，在空间上区分了天地东西南北，在时间上划出了昼夜春夏秋冬。从而使人丧失了混沌昏昏之性，从此有了纷争论辩，世界失去了太平。他们的智慧比蝎子尾巴、比那些未经驯化的猛兽还要狠毒，使人们没有办法顺应自然之道来生活、行动。这些人怎么能称作是圣人呢？"

"真正的圣人处无为之事，行不言之教，让万物兴起而不加倡导，生养万物而不据为己有，作育万物而不自恃己能，功业成就而不自我夸耀。正因为他不自我夸耀，所以他的功绩长存。"

"古时候的圣人，也曾有仁义之道，实际上是托仁义之名行自然之道，他们不固执己见，无所约束地在自己的田园生活，心灵游弋于自由自在的虚空，若有所思而无思，不被仁义、礼仪所束缚。但后人并不了解这些，却强用礼仪约束人，用仁义劝导人。当用仁义劝导不了人、用礼仪约束不了人时，于是就用富、贵、权、势来诱导人，从而造成这样的恶果：以富有为目标的人，不肯让出俸禄；以名声显赫为追求的人，不肯让出名号；贪恋权势的人，不能把权力让给他人。他们拥有、操纵权力时，成天胆战心惊，唯恐失去；当他们丧失这些东西时，又伤心不已，总想方设法夺回来。虽然是这样，终不能悔悟，不引以为戒，为夺取自己需要的东西而永无休止地争斗，天下从此没有了安宁，世道没有了淳厚的风气，人心把最根本的、

自然的东西都遗弃了。所以说仁义害死人啊!"

孔子问:"现在的情况是天下无道,百姓处在水深火热之中,你说怎么办呢?"

老子也没办法让所有的人都无为不争,他只能管好他自己,只好叹了口气说:"天下的无道就像滔滔的洪水一般,谁能改变得了呢?你又何必明知不可为而为之呢?"

孔子感慨地说:"人是不可以和鸟兽同群的。这些人虽然无道,却也是人啊,我不和这些人同类,那么和谁是同类呢?如果天下有道的话,我孔丘也不必这么劳心费力去改变它了。虽然如此,正如我的弟子颜回所言:仁义之道宏大高远,所以天下各国都不能接受,但我还是要积极推行仁义、仁政,不为天下所容有什么关系!正由于不为天下所容,才足以看出君子无所苟同于世的伟大之处。为仁由己,不修行学习仁义之道,是我的错误;我既已尽得尧舜之俗周公仁义之道,而国家掌权的人不重用我,则是他们的过错。不为天下所容才能看出君子无所苟同于世!岁寒,然后知松柏之后彫也!"

老子沉默了一下问孔子:

"那么你希望这个世界变成什么样子呢?"孔子回答:

老吾老，以及人之老；幼吾幼，以及人之幼。老者安之，朋友信之，少者怀之。

意思是说：尊敬孝顺自己的老人，同时也推及到孝顺别的老人；爱护自己的孩子，同时也推及爱护别人的孩子。我愿意年老的人都能够安度晚年，朋友之间都能够互相信任，年幼的人都能得到爱护。

孔子又问老子：

"敢问先生理想的社会该是什么样子呢?"老子回答：

小国寡民。使有什佰之器而不用；使民重死而不远徙。虽有舟舆，无所乘之；虽有甲兵，无所陈之。使民复结绳而用之。甘其食，美其服，安其居，乐其俗。邻国相望，鸡犬之声相闻，民至老死不相往来。

意思是说：国土狭小人民稀少，即使有各种器具，也并不使用，使人民安于一处直至死亡也不向远方迁移。虽然有船只车辆，却没有必要去乘坐；虽然有铠甲武器，却没有机会去陈列（使用）。重新使人民回到远古结绳记事的状况。邻国之间可以看得见，鸡鸣狗吠的声音可以互相听得着。人民从生到死互相没有来

往。

两人说完，相对哈哈大笑。

"道不同不相与谋"，两位哲人在救世方法上谁也没有说服谁，却都"英雄惺惺相惜"，相互佩服对方志存高远。

其实，两位哲人在许多地方都是很相近的。用现代的话说，孔子和老子从事的都是社会文化教育工作，《史记》《论语》《庄子》中都记载过孔子、老子主持庆典、丧礼的事。这说明两个人都很精通当时的各种礼仪。

前面已经介绍过了，老子是个非常用功的人，学习刻苦，勤于思考。而孔子也是当时被公认的"博闻多识"，知识渊博的人。他们对学习体道都达到了痴迷的程度。一次孔子去拜访老子，老子刚沐浴结束，坐在那里静默体道，木然无声，像一个没有生气的枯槁之躯。后来他告诉孔子，当时他的躯体虽然托形于

天地之间，其精神已游历于万物初生的那种浑沌虚无的境地了。而孔子本人也曾有过闻韶乐而三月不知肉味的经历。这同时也使人想起西方的另一位大哲学家苏格拉底，苏格拉底思考问题时，有时沉默不语，一站就是几天几夜。他们在体认"道"时，真正是心无旁骛，达到了忘我的境界。

"铁肩担道义，妙手著文章。"这句诗用在老子和孔子身上都很恰当。老子和孔子都是具有广阔胸襟、关心人类命运的人。针对当时社会混乱，民不聊生的现状，两个人都试图以他们的思想和自己的切身体验、实践，重新唤起包括为政者和普通人民在内的所有的人，听从内在生命本性的呼唤，不再相互斗智争利、恃强凌弱，而是要和平相处，使世界恢复太平。老子是从他的宇宙论出发，落实到他的人生论，最终归宿于政治论，呼吁人们要体认人的自然无为的本性，柔弱处下，不争不恃，这样就能消弭战争与灾难。使人们获得福祉。而孔子则是从他的人性论出发，呼吁人们要心存仁义，相互友爱，为政者要实行仁政，使人们生活幸福。虽然两个人为社会开的"药方"不同，老子是采用否定的方式，抛弃了人的各种欲望，使人复归于无私无欲；孔子是采用肯定的方式，肯定了人的内在的"仁义"本性，使之发扬光大，使人相亲相

爱，最终的目的还是让所有的人都能得到福祉。最重要的是两位哲人都肯定了人本身的存在价值，把人从天命的桎梏下解放了出来。这可以说是人类思想的一次大解放。

商周时期，"天命"观念统治着人的思想，当时巫术盛行，祭祀成风。人们普遍认为人世间的一切都是由上天决定的，而上天则是一个人格神。"天"是最高最大的存在。老子则认为天、地也有个起源的问题，还有比天地更根本的，老子名之曰"道"。而这个"先天地生""象帝之先"的道才是最根本的，才是永恒的。天地万物都是相对的，在一切相对的事物之上，还有一个绝对，就是"道"。老子提出超越一切相对的绝对，把理论思维提高到了一个新的高度。接着，老子又对人作了规定，他说："人法地，地法天，天法道，道法自然。"自然是"道"的本质属性，"道"作用于万事万物，也包括人，从而人的本质属性也是"自然"，人自然而然地生，自然而然地成长、消亡，没有什么外在的东西限制他，他自己就是自己的主宰。这里虽然没有进一步说明人是什么，但却把人从神的桎梏下解放了出来。

孔子虽然承认有"天道""人道"之分，但他很少提到"天道"。子贡说："夫子之言性与天道，不可得而闻也。""子不语怪力乱神。"孔子自己也说:"未知生,焉知死。"可见他更关注的是现实社会。孔子把"仁义"作为人的本性。"仁者,人也","仁者爱人"。"鸟兽不可与同群,吾非斯人之徒与而谁与?"他认为人是与鸟兽有区别的,人和人是同一类的,自己是人,别人也是人,"己欲立而立人,己欲达而达人"。因为在自然界中我们每个人和其他的人都是同一类的人,所以应该互相友爱、帮助。这种友爱、互助就是"仁",按照中国古汉字中的象形会意来解释,"仁"就是"二"个"人"在一起。"仁"是人的本质存在,"为人由己,而由人乎哉",说明是否履行"仁德"完全取决于自己,而不取决于他人。这里不仅把人从自然界中区分开来了,而且赋予人以极大的主动性和自觉性,使人成了"自觉的人",也就是具有了自我意识的人。古希腊阿波罗神庙上有一句著名的话:"人啊,认识你自己。"孔子论述的"仁""人",使人向认识人自身迈出了一大步。

前面介绍了老子是中国古代辩证法大师,而孔子也可以说把辩证法运用得炉火纯青,他的"过犹不及""中庸之道"都包含着深邃的辩证法。孔子自己也说:"七十而从心所欲不逾矩。"这已经达到了出神入化的境界了。

两个人对于"道"的体认方式也是很相近的。

孔子自述学术宗旨时说："志于道，据于德，依于仁，游于艺。"孔子也是以"好学"自诩的，学习的目的在于"闻道"，他说："朝闻道，夕死可也。"可见他对于"道"的重视。孔子当时是以"博学"著称的，直到战国时期，孔子仍被认为是知识最多的人。一般人也认为孔子是多闻的典型。但是对孔子来说，多闻只是求道的途径。《论语·卫灵公》记载："子曰：赐也，汝以予为多学而识之者与？对曰：然，非与？曰：非也，予一以贯之。子曰：参乎！吾道一以贯之。"当时孔子的弟子都认为孔子是知识渊博的人，所以孔子告诉他的弟子子贡和曾参，他的思想是前后一贯的，有一个最根本的"道"在统摄着。这个最高准则的"道"是不好把握的，有时甚至是只可意会，不可言传的。所以孔子又说："道之不存久矣，而民鲜能知。"对此，老子抱有同感。他说："上士闻道，勤而行之；中士闻道，若存若亡；下士闻道，大笑之。不笑不足以为道。"有的人听了"道"的理论，由于不懂而哈哈大笑，以为是胡说八道。所以老子说，如果下士都能听懂而不被嘲笑，那就不足以成为道了。这说明最高准则的"道"隐奥难见，以至于普通人不易体会。老子还说："为学日益，为道日损，损之又损，以至于无为。""为学"是增加知识的过程,"为道"是体认最高准则、体认规律的过程。最高准则的"道"贯穿于各种经验知识中,说起来简单,理解起来是很深奥的。

由此可以看出,在"达道"方面,孔子与老子有异曲同工之处。正如《易经·系辞传》所言:天下殊途而同归,一致而百虑。

一般来说,儒家哲学是入世的哲学,是社会组织、日常生活的哲学,强调人的社会责任。但也不全是如此,《论语·先进》记载,孔子问弟子们的志向,对子路、冉有、公西华的回答都不甚合心意,轮到曾点时,曾点说:"暮春者,春服既成。冠者五六人,童子六七人,浴乎沂,风乎舞雩,咏而归。"孔子长叹一声说:"吾与点也。"我是赞成曾点的呀。这说明孔子对清新自由的田园生活也是心仪已久的。

道家哲学强调人的内部的自发的东西。《庄子》中说,儒家游方之内,道家游方之外。方,指社会。公元三四世纪,道家学说再度盛行,人们常说,孔子重"名教",老、庄重"自然"。在三四世纪有些道家的人试图使道家更接近儒家;在十一二世纪也有些儒家的人试图使儒家更接近于道家。我们把这些道家的人称为新道家,把这些儒家的人称为新儒家。因为儒家"游方之内",显得比道家入世一些;因为道家"游方

之外"，显得比儒家出世一些。其实儒道两家有一点是相同的，即肯定了人的自我规定性，任何一个人通过修养的功夫，不论是"致虚极、守静笃"，还是"吾日三省吾身"，都能体认到最高的"道"，即成为圣人，或者说道德完备的人，这是每一个个体的人追求的最高目标，也是人生意义的最终归宿。正是在这个基础上，儒道两家既彼此对立，又能互相补充，两者既保持一种必要的张力，又能维持一种微妙的平衡，使中国人对于出世和入世都具有良好的平衡感，"达则兼济天下，穷则独善其身"。

《史记》《庄子》记载孔子称赞老子为龙，而世人称赞孔子为圣。这一"龙"一"圣"共同开启了中国文化的长河，我们至今还享受着他们留下的精神财富，这种精神财富，真是取之不尽，用之不竭呀！

← 老子出关纹青花梅瓶

被误会了的老子

滚滚长江东逝水，浪花淘尽英雄。是
非成败转头空。青山依旧在，几度夕阳
红。　白发渔樵江渚上，惯看秋月春风。
一壶浊酒喜相逢。古今多少事，都付笑谈
中。

——罗贯中

元代诗人刘从益《题闲闲公梦归诗》写道："学道
几人知道味，谋生底物是生涯。庄周枕上非真蝶，乐
广杯中亦假蛇。身后功名半张纸，夜来鼓吹一池蛙。
梦间说梦重重梦，家外忘家处处家。"诗中的"学道几
人知道味"可以说是为后人读老子所下的总的评语。
的确，在中国古代哲学家中，没有一个人像老子其人
其书那样，使得后人见解各一，众说纷纭。

一般人常以为老子的思想是消沉的、厌世的。可
以说，任何理论体系，都有它的正面作用和负面作用，
单单强调一面是不合理的，对于老子哲学也是这样，
不能仅仅从文字上去理解、去望文生义。其中，"无

为""不争""谦退""柔弱""虚无""清静"等观念，常常被人曲解。

实质来说，老子是个朴素的自然主义者。他所关心的是如何消解人类社会的纷争，如何使人们生活幸福安宁。老子提倡的是：人的行为能取法于"道"的自然性与自发性。为政者不要干涉人民的生活，而是顺应民众自身生活的需要；个体的人要抛弃奢侈的生活，抑制自己的欲望；在上者要引导人民返回到真诚朴素的生活形态与心境中去，这样才能从根本上消除战争的祸患，解民于倒悬之苦。从这些基本的观点出发，我们看到："无为"是顺任自然，不强作妄为的意思（这主要是针对当政者而提出的）；"不争"是不伸展扩张自己的占有欲望；"谦退"具有"不争"的内涵，要人含藏内敛，不锋芒毕露。"柔弱"的观念具有不可恃强凌弱、恃刚凌物、强悍暴戾的意思，而且老子所说的"柔"还含有无比的韧性和持续性的意思。"虚"是形容道体的，"道冲，而用之或不盈。渊兮，似万物之宗……湛兮，似或存。"意思是道体是虚空的，然而作用却不穷竭。渊深啊！它好像是万物的宗主；幽隐啊！似亡而又实存。又说："天地之间，其犹橐籥乎！虚而不屈。"意思是说：天地之间，岂不像个风箱吗？空虚但不会穷竭，发动起来而生生不息。这

是说天地之间是虚空的，但万物却从这虚空中蓬勃生长。可见这个"虚"含有无穷的创造因子。用在人生的层面上，虚含有深藏的意思。从上面简略的解释中，可以了解老子这些观念不仅没有消极的意思，相反地却蕴涵着培蓄待发的精神。一方面他关注乱世，极想提供解决人类安然相处的方法，即"道"（如无为、不争等观念的提出，就在于呼唤人类收敛一己的占有欲、私欲，以消解社会纷争的根源）；另一方面，他要人凝炼内在生命的深度（如虚静等观念的提出），使精神重新回到心灵的家园。

老子又说："生而不有，为而不恃""功成而不有""为而不争"。"生""为""功成"便是要人创造做事；"不有""不恃""不争"便是要不必把创作的成果

据为己有。可以说这是对待生活的一种豁达的态度，不能完全说成是消沉出世的，更不能说是厌世的。不可否认的是：以老子为代表的"隐士"，他们的生活隐则隐矣，但却是有信仰的，他们关注自己内心的精神生活，体认至高无上的道，生命感到宁静充实。对于这些有信仰的人，你能说他们是消沉厌世的吗？这可是对老子莫大的曲解！相反，对那些整天忙忙碌碌而又不知为何而奔波劳顿的人，对那些做什么都感到百无聊赖的人，你能说他们是积极入世的人吗？

实际上老子的自然无为的思想中已经包含了这样的思想：世界上万事万物都有自己自然而然具有的属性，人也是这样，有着自己自然而然就具有的内在规定性。所以道家思想是很看重个体的内在价值的，包括个体的存在——生命。事实上，"重生轻物"是道家历代人物一贯的思想，只是表现形式不同罢了。

大家常听说的"拔一毛而利天下不为也"的杨朱，就是先于老子的道家早期的人物。把天下白白送给他都不能换他腿上的一根毫毛。

老子也说："贵以身为天下，若可寄天下；爱以身为天下，若可托天下。"就是说：在为人处世上，贵重自己身体超过贵重天下的人，可以把天下给予他；爱他自己超过爱天下的人，可以将天下委托他。老子又

说："名与身：孰亲？身与货：孰多？"都表现出"轻物重生"的思想。

老子以后的另一位道家代表人物庄子也说："为善无近名，为恶无近刑，缘督以为经：可以保身，可以全生，可以养亲，可以尽年。"这和杨朱、老子的思想是一致的，认为一个人的行为若是很坏，受到社会惩罚，显然不是全生的方法。但是一个人的行为太好，获得美名，这也不是全生的办法。庄子还主张"虽富贵不以养伤身，虽贫贱不以利累形"。富贵人不要过分享受而伤害身体，贫贱的人也不要为了多挣一点收入而去拼命，首要的是要珍惜身体。庄子还举例说："山木自寇也。膏火自煎也。桂可食，故伐之。漆可用，故割之。"一个享有有才有用的美名的人，他的命运将会和桂树、漆树一样。

《史记》中记载：楚威王听说庄周很有学问，就派人带着"千金"去请他出来作"卿相"。庄周笑着对楚国使者说：千金，待遇不低；卿相，官也不算小。但是你没有看到祭祀用的牛吗？养它几年，又给它披上花布，然后送入大庙牺牲作祭品。这时，它想当自由自在的小猪也不行了。你快走吧，别玷污了我，我宁可在污泥中自由生活，也不愿意为帝王们所束缚。应当说，庄子生在战国时代，不愿意参与无义的、杀人

← 画像砖《孔子见老子》

如麻、白骨遍野的战争，不与以杀人为功的战争头子合作，不为剥削者卖命，不同流合污，而是洁身自好，这也是一种道德信仰。而且是一种比较高尚的信仰、比较深刻的信仰。只有经历过极大的忧患、极深的怀疑，有看破一切、超出世俗的襟怀的人，才能达到这种信仰。

出世与入世是对待生活的两种态度，而在价值的比较上却没有高下之分。一般都认为孔子是积极入世的倡导者，但他也说过："邦有道则仕，邦无道则可卷而怀之。"国家政治清明的时候就出来做官，国家政治昏暗的时候就隐居起来。而且孔子还对曾点"暮春者，春服既成。冠者五六人，童子六七人，浴乎沂，风乎舞雩，咏而归"的志向赞不绝口，喟然叹曰："吾与点也！"陶渊明的"采菊东篱下，悠然见南山"，颇有隐士风度，谁又能说他是厌世的、消沉的呢？

还有一种误解，认为老子之学是谋略学，南面统治术，含有权诈之意。

前面我们已经介绍过了，老子是中国古代的辩证法大师。其事物对立统一运动的道理，取自于天人之际，当然也可以应用于国家统治、人与人之间的交往上。或许可以说南面统治术是老子哲学应用的结果，但绝不可以说老子哲学的主旨是南面统治术。了解老子思想，要了解其全貌，不能断章取义。

"无为而无不为"这句话常被解释为表面上不做，暗地里什么都来。事实上"无不为"只是"无为"的效果，即是说顺其自然就没有一件事做不好。

"圣人后其身而身先，非以其无私邪！故能成其私。"有些人认为老子这话是让人为"私"的，"无私"只是手段而已。如我们常说的沽名钓誉。其实这里的重点在于"无私"。圣人的行为要效法天地的无私规律（天地之所以能长且久者，以其不自生）。一个高位的人，由于机会的便利，往往容易抢先占有（财物），因而老子呼吁人们要贡献不要索取，如能做到退让无私（后身），自然会赢得人们的拥护与爱戴（身先）。所谓"成其私"，相对于他人来说，得到了大家对自己的拥护与爱戴；相对于自己来说，成就了个人的精神生命。这也使我们想起了范仲淹所说的"先天下之忧而忧，后天下之乐而乐"，二者异曲同工，境界高远，忧国、忧民乃至忧人类之情溢于言表。

"将欲歙之，必固张之；将欲弱之，必固强之；将欲废之，必固兴之；将欲夺之，必固与之；是谓微明。"这段文字普遍被认为含有权诈之意，误解得也最厉害。韩非子早在《喻老篇》中就举例说："越王入宦于吴，而观之伐齐以弊吴，吴兵既胜齐入于艾陵，张之于江济，强之于黄强，故可制于五湖。故曰：'将欲歙之，必固张之；将欲弱之，必固强之。'晋献公将欲袭虞，遗之以璧马；知伯将欲袭仇由，遗之以广车，故曰：'将欲取之，必固与之'。"后世如宋代哲学家二程和朱熹，也持此观点。其实老子这些话只在于分析事物发展的规律，他指出事物常依"物极必反"的规律运行，这是自然之理，任何事物都有向它的对立面转化的可能，当事物发展到某一个极限时，它就会向相反的方向运转。所以老子认为：在事物发展中，张开是闭合的一种征兆，强盛是衰弱的一种征兆。并没有权诈的意思。宋代范应元就说："天下之理，有张必有歙，有强必有弱，有兴必有废，有与必有取。此春生夏长，秋敛冬藏，造化消息，盈虚之运固然也。然则张之、强之、兴之、与之之时，已有歙之、弱之、废之、取之之机伏在其中矣。机虽幽微而事已显明也。

故曰是谓微明。或者以数句为权谋之术，非也。"明代林兆恩也说："世之诡谲者，即谓其得老子之术，岂非妄执'必固张之'之数言而诟訾之邪！"都对把老子学说看作权诈之术给予了反驳。

《史记》记载：道家出身的人物陈平，帮助刘邦打败了项羽，奠定了汉朝400年的基业。汉高祖刘邦有6次事关成败的决策，都是采用陈平的计策而获得成功的，而陈平自己则说："我多阴谋，道家之所禁，其无后乎？"足见道家是最忌讳阴谋的。因此他断定自己将没有后代，至少后代的富贵不会久远。后来果然如此，据汉代史书记载：陈平的后人，到他孙子这一代，所谓功名富贵，一刀而斩，就此断了。后来他的曾孙陈掌，以卫氏亲贵戚，要求续封而不可得。

老子书上一再提到"婴儿"，要人返璞归真，保持赤子之心。老子最反对人用心机，正如薛蕙所说的："仁义圣智，老子且犹病之，况权诈乎！"可见老子的思想决不是什么阴谋诈术。

还有一种说法，认为老子主张实行愚民政策。这主要是由这句话引起的："古之善为道者，非以明民，将以愚之。"其实这里所说的"愚"不完全同于现代的"愚"的含义。老子的"愚"有真朴的意思。老子期望统治者培养出笃实的政风，引导人们以诚相待。老子不仅期望人民真诚质朴，他更要求统治者以身作则。另外，他还对自己说："我愚人之心也哉！"老子以"愚人之心"来赞许圣人的心态和自诩，可见"愚人"乃是治者的一个自我修养的理想境界。老子深深地感到人们勾心斗角、机诈相见是造成社会混乱的根本原因，所以他极力提倡人们归真返璞，因而以"愚"为人格修养的最高境界。但老子的"民之难治，以其智多""绝圣弃智""绝仁弃义""绝巧弃利"，如以历史进步发展的眼光看，难免有"愚人政策"之嫌。

是也罢，非也罢，用金代元遗山诗说，就是"百年世事兼身事，樽酒何人与细论？"除非与老子细斟浅酌，对饮一杯，或许可以粲然一笑。

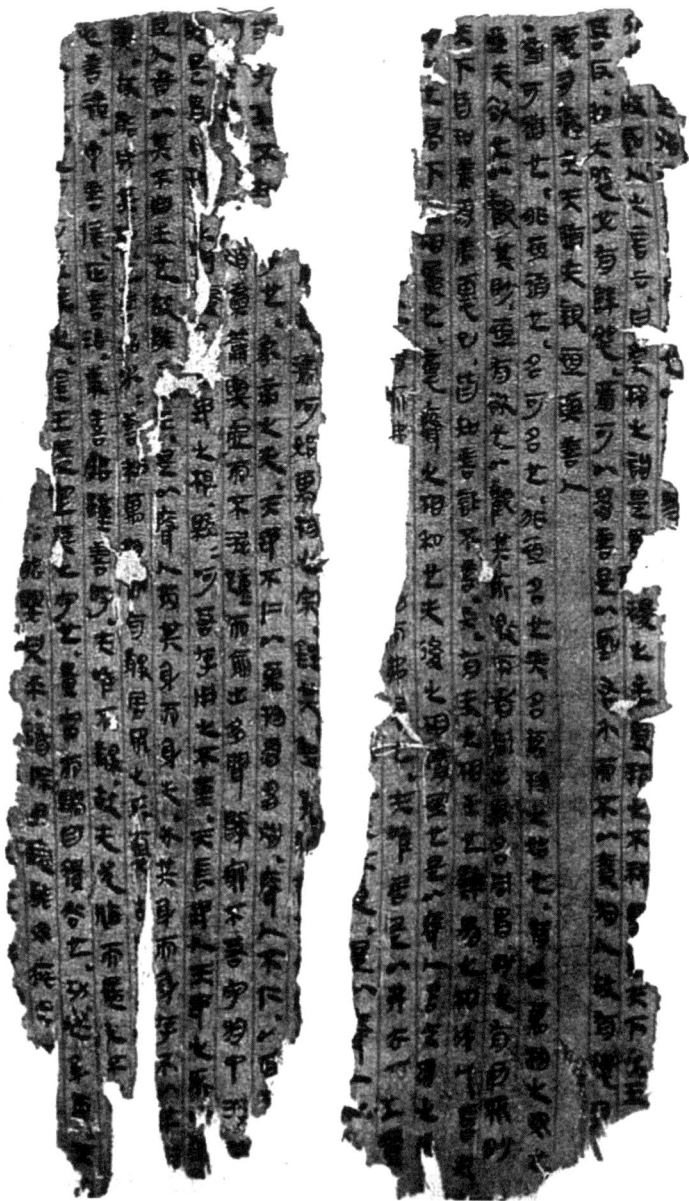

↑《道德经》残片

道家人物多才俊

> 江山代有才人出，各领风骚数百年。
> ——赵　翼

　　老子哲学，包含着精微的辩证法，是人类思维把握世界的基本规律，放之四海而皆准。大而用之可安邦定国，小而用之可安身立命。治世用世以黄老，固世教世以儒术，所以中国的传统政治法度素有"内用黄老，外示儒术"的说法。而对个人来说，则须"功成""身退"合天道，秉承老子之三宝（曰慈、曰俭、曰不敢为天下先），才能善始善终。

　　中国在魏晋南北朝时期，易经、老子、庄子学说盛行，世上把这三种学说称为三玄之学。纵观中国历史，自汉、唐以降，至宋、元、明、清，开基立业的鼎盛时期，都是用三玄之学出来治世。而且在中国历史文化上，有一个大致的法则，每当时代变乱到极点，无可救药时，出来"拨乱反正"的人物，大都是道家人物，历史上大凡明君、贤相、良臣，没有不懂老子

辩证法的。

毛泽东在《沁园春·雪》中有这样一句："惜秦皇汉武，略输文采。唐宗宋祖，稍逊风骚。一代天骄，成吉思汗，只识弯弓射大雕。"毛泽东在指点江山时提到的这几个人，虽然认为他们不如当世之风流人物，但这几个人在历史上却是赫赫有名的帝王。成吉思汗暂且不论，秦皇汉武、唐宗宋祖却是与道家很有关系的。

秦始皇横扫宇内，一统六合，为人之极矣，可以说当世没有人能超过他了，但他却说"吾慕真人"，自谓"真人"，不称"朕"。"真人"是《庄子》一书中记载的得道之人，"入水不濡，入火不燕，凌云气，与天地久长"。《史记》中多处记载秦始皇派侯公、卢生、徐市等术士到东海求长生不死神药的故事。

汉武帝为汉中兴之主。《史记》记载："孝武皇帝初即位，尤敬鬼神之祀。"而其母"窦太后治黄老言，不好儒术"。史书记载汉武帝求神寻仙问道几乎达到了痴迷的程度，不仅把方士李少君、齐少翁等奉为上宾，而且几乎对他们的话百依百顺，苦苦寻求不死之药，大张旗鼓封禅泰山。

从思想史上来说，这两位帝王只得到了老庄思想的皮毛，"重生保命"，而未得辩证法的真髓。但从秦始皇焚书坑儒，以为儒生厚古非今，窦太后诛杀以文学为公卿的赵绾、王臧等人来看，秦末汉初儒术在社会上是不被看重倡导的，而道术却大兴其道。

唐太宗以"贞观之治"而流芳千古，但"贞观之治"的实质是养民，不扰民，正合老子的"上无为而民自正"的思想。而且李唐子孙在唐朝时还把老子变成了太上老君，封为道教教主。道教实际上成了唐朝的国教，当时唐朝历代帝王、皇后、嫔妃都要像佛教受戒一样，去受"符箓"。如唐玄宗、杨贵妃等人都曾受过"符箓"。这说明道家思想、道教在唐代是很盛行的，这在唐代的文学作品中也多有流露，如大诗人李白、白居易等人的诗。

宋太祖赵匡胤陈桥兵变，黄袍加身，可以说是深得老子之意，把"不争""不恃""夫唯不争则天下莫能与之争"的思想运用得炉火纯青。

历史上运用黄老之术治理天下最成功的当数汉文帝、汉景帝。

汉文帝本名刘恒，其母亲薄氏信奉黄老之学，无欲无争。在吕后专权之时，刘邦的诸皇子被杀殆尽，只因薄氏母子卑下不争才得以保全性命，被分封在西北边塞为代王。吕后死后，吕家势力被刘邦旧臣陈平、周勃等人削平，当时的政治、经济、社会等都非常混乱，大臣们商量来商量去，才找到这位还在边塞、性情祥和、清

心寡欲、守道尚德的代王，继承汉祚。

刘恒深知当时形势微妙，自己没有根基，进退应对稍有疏忽则就有可能被刘邦故臣抛弃，思来想去，还是谨慎谦虚为好。所以当周勃等一干群臣在长安渭桥跪迎他时，他也立即跪下来还礼；当周勃送御玺给他时，按常情他接过来就是皇帝了，可他却再三推辞，说道："尊奉高帝宗庙，继承汉祚，是国家最重要的事，寡人才疏德浅，不敢当此重任。"众群臣都跪伏坚决请代王继位。《史书》载："代王西乡让者三，南乡让者再。"三番五次推辞。丞相陈平等都说："我们为宗庙社稷考虑，不敢稍有疏忽，希望大王遵从我们臣子的意愿，我们坚决拥护您。"代王说："既然诸位都认为我最合适，寡人不敢再推辞了。"于是继承天子之位。假如刘恒从边塞急急赶回来，以为王位非己莫属，耀武扬威，则结果不堪设想。

汉文帝当政后，实行"休养生息"的政策，减免

税赋，并且不让诸侯再上贡，各种服饰、仪式从简，减损官吏人数，开官仓放粮赈济贫民，人民感其恩惠。汉文帝继位23年，宫室苑囿狗马服御没有一样增加，还是刚继位时那样。他曾经想造一座露台，召集工匠一算，价值百金。文帝说："百金，是10户中等人家一年的收入，我继承王位，常常感到很惭愧，还能花这么多钱造个台子吗?"于是便改变了原先的打算。他还常穿打补丁的衣服，一件袍子一直穿了20年，补了又补。他有一位喜爱的慎夫人，但文帝却命她穿衣服不得过长以着地，帏帐不得文绣。以示淳朴，为天下先。治霸陵，都用瓦器，不用金银铜锡做装饰，自己不修坟墓，提倡节省，不烦扰人民。他死时还留下遗书，不让后人重服厚葬他。在他当皇帝期间，社会各项制度都宽大到了极点，完全是随民之自然而治理，十几年中，监狱中几乎没有犯人。

汉景帝是汉文帝三个儿子中的老二，他的哥哥与弟弟在汉文帝没有继位时先后死去，所以他就继承了王位。他一接班，就大赦天下，田赋减半，为汉文帝立了太宗庙，但却不让臣子朝贺。汉景帝继承了汉文帝的传统，实行减赋轻刑，以不烦扰民众的方法治国，国力渐强。后人把文帝、景帝统治时期称为"文景之治"。

在历史上，道家思想昌盛一时主要有三个时期：一是汉初，二是魏晋南北朝，三是唐宋。每个时期都出现一些风流千古的道家人物，而尤以汉初为最，如众所周知的张良、陈平、萧何、曹参等人。张良、陈平前面已有介绍，萧何、曹参也丝毫不比张、陈二人逊色。

萧何在历史上曾有过一段美谈，即大家熟知的"萧何月下追韩信"。萧何也是沛县人，当汉高祖刘邦还是普通百姓时，萧何当时是个小官，曾多次呵护刘邦；等到刘邦升为亭长时，常追随左右；等到刘邦到咸阳做小官时，别的小吏都送奉钱三，而萧何独送五。

当楚汉相争时，萧何镇守关中，为汉王送兵送粮，实为汉王的当家总管。在关中很有声望，百姓都敬爱他。刘邦曾多次派使者慰劳萧何。萧何手下有一鲍生对他说："汉王在外争战，多次派使者慰劳你，是心里对你有疑心了，怕你居关中谋反。为你考虑，不如送你的子孙及亲戚中能上战场的都上前线去，汉王一定会信任你。"于是萧何听从了他的话，刘邦果然大悦。刘邦战胜项羽后，论功行赏，萧何第一，可以带剑上朝，入朝不必快行。后来淮阴侯韩信造反，黥布造反，使刘邦对萧何又起了疑心，于是萧何推辞封相，不要护卫，把家里的财产都充军，买田自耕，于是刘邦很高兴，疑心顿消。《史记》载：何置田宅必居穷处，为家不治垣屋，曰：后世贤，师吾俭；不贤，毋为势家所夺。

曹参是刘邦手下大将，为刘邦征战身负70多处伤。

萧何死后，曹参被封为汉丞相。凡事和萧何在时没什么两样，一切都按萧何制定的办法施行。选用官吏时，都选用那些不善言辞、性格敦厚的人。下属来报告事情时，他则猛喝醇酒，下属一要开口他就喝酒，喝醉就回去睡，一直是这样，下属想汇报也汇报不成。曹参发现别人有小过错，也给百般遮掩，所以府中常年无事。汉惠帝对曹参有些不满，以为他不给自己做事。于是曹参说：

"陛下您自己考虑一下，你与高祖皇帝谁更圣武？"

惠帝回答说："我怎么敢和先帝比呢？"

曹参说："陛下您看我和萧何比谁更有贤能？"

惠帝说："你好像不如萧相国。"

曹参说："您说的是呀。高祖皇帝与萧何统一天下，法令已明，大政方针已定，现在陛下守成，我等守职，遵从先人而不失矩，不也很好吗？"惠帝说："好，你就去休养吧！"

百姓作歌称赞曹参说："萧何制法，就像画一；曹参代之，守而不失。载其清净，民以宁一。"这就是历

史上传为美谈的"萧规曹随"。

《史记》写道："参为汉相国，清静极言合道。然百姓离秦之酷后，参与休息无为，故天下俱称其美矣。"

春秋时齐国人孙武，他的军事哲学思想，也是由道家思想而来，所著兵法13篇，处处体现了道家的哲学思想在军事思想运用上的伟大。百年之后其后代又有孙膑，也是大军事家，承其先祖遗风，在当世也是赫赫有名。后世历代将帅，没有不读《孙子兵法》的。

至于大家耳熟能详的苏秦、张仪则从师于鬼谷先生，而鬼谷先生也是如老子般的神秘的道家人物。苏秦、张仪持合纵连横之说，身佩多国相印风云当世，显赫一时。

长洲文徵明写像

《老子写像》 明·文徵明

老子与道家学派

老子所贵道，虚无因应变化于无为，故著书辞称微妙难识。庄子散道德，放论，要亦归之自然。

——《史记》

当我们提起除儒家文化以外另一中国主流文化——道家学派时，也常常把道家学派称为老庄哲学。虽然我们常称老子为道家宗师、道教圣祖，但若没有庄子，则道家思想也不会对后世影响那么大。所以要说明老子与道家学派、乃至中国哲学的关系，就得要介绍一下庄子。

庄子，姓庄名周，战国中期宋国人。庄子是老子之后道家最主要的代表，也是我国古代著名的哲学家和文学家。曾做过管理漆树园的小官，社会地位一直不高，生活一直比较贫穷。他曾穿着带补丁的粗布衣服，用带子系着破鞋去见魏王。他认为自己的贫穷是统治者昏庸无能造成的，有志之士"处昏上乱相之间"是不可能不贫困的，因此他丝毫不为自己的贫穷而感到羞耻。

庄子哲学继承了老子哲学的基本立场，也把"道"作为自己最重要的哲学概念，他说："夫道，有情有信，无为无形；可传而不可受，可得而不可见；自本自根，未有天地，自古以固存；神鬼神帝，生天生地。"（《庄子·大宗师》）这和老子所讲的作为世界本原之"道"并无二致。

庄子还继承了老子的辩证法，但他把对立面的统一推到了极端，以致得出了"万物齐一"的结论。庄子也继承了老子的直觉主义的认识方法，但他花了大量笔墨发挥了怀疑主义，揭示了人类认识中有限与无限的矛盾。

《庄子》一书中，对现实也进行了猛烈的抨击，指出了"窃钩者诛，窃国者为诸侯"的极不平等现象。并提出了"君无为而臣有为"的主张，把道家思想引向了现实政治。他还提出了道家的人性论，认为人性是超善恶的。

老子哲学的出发点是为了解释现实的纷争，所以讲无为，有出世倾向；庄子哲学的出发点是如何适应无可奈何的现实，他发现在复杂的社会生活中有一种不以人的意志为转移的必然性，人只能无条件地随顺这种必然性。但庄子并不甘心于像一般命定论者那样，

仅仅安然顺命，而要在安命的基础上追求摆脱一切烦恼的精神自由，即他的逍遥游。这是纯玄想的自由，但却是人类在争取自由时必然要走过的一个阶段。

庄子哲学体系的内容比较复杂，既有悲观主义，又有理想主义；既讲安然顺命，又讲绝对自由；既有怀疑主义，又有直觉主义；既有辩证法，又有诡辩论；既有与人不争、安时处顺的一面，又有傲视权贵、放荡不羁的一面；既有对现实的深刻观察和批判，又有对现实的冷漠与超脱。在庄子哲学中，揭示了相当多的深刻矛盾，提出了相当多的富于启发性的问题，推进了中华民族理论思维的发展。

与老子精练的哲学相比，庄子哲学体系更为宏大，内容更为丰富，形式更为活泼。庄子常以寓言、故事、比喻等形式阐发哲理，其构思之新奇，运思之深邃，用语之精巧，先秦诸子很少有人能与他相媲美。鲁迅说庄子"其文则汪洋辟阖，仪态万方，晚周诸子之作，莫能先也。"庄子在文学和美学上也有重要建树，他的寓言和散文在文学史上大放异彩，他的浪漫主义风格影响了两千多年来的许多大文豪、大艺术家。道家学派能在历史上产生巨大影响，庄子是有很大功劳的。所以世上才把道家哲学也称为"老庄哲学"。

从哲学史的观点看，老庄哲学思想的重要性，如同苏格拉底和柏拉图在西方哲学史上的地位。中国哲学史上的一些基本观念，如"道""德""一""理""有""无""阴""阳""常""精""气""心"等，多由道家开创人物所提出。老庄哲学自成体系的宇宙论、

← 老子出关

认识论、方法论、自然哲学、政治哲学及人生哲学等，对后世影响甚大。单就先秦诸子的文章中，《论语》（述而）、《礼记》（曾子问）、《孔子家语》、《吕氏春秋》（当染篇、君守篇）、《战国策》（齐策·魏策）、《庄子》（内外杂多篇）、《荀子》（天论篇）、《韩非子》（解老喻老外储说下篇、六反篇）、《尹文子》（大道篇）、《列子》（黄帝篇、说符篇），都引述过老子，这说明老子在先秦就很有影响。

前面已经介绍过了，黄老之学在西汉初就很盛行，当时当政的君主和大臣们都学黄老之学，按"无为"办事。西汉中期，刘安主编的《淮南子》，就是汉代黄老道家思想的总结。东汉时，被独尊的儒术即经学日趋僵化，道学日渐崛起。至东汉末，道学引发出道教。魏晋时代，道学发展成为玄学，道家"崇尚自然"，精神自由，思想解放，在当时社会蔚然成风。至唐朝则形成儒、释、道三教鼎立，而道教则暗为国教。至宋代儒道则趋于合流，形成中国哲学思想的又一鼎盛时期。明清之王廷相、方以智、王夫之、戴震等，及近代之严复等，莫不受益于老庄哲学。

当然，老庄哲学也是有很多不足之处。仅就老子而言，我们很容易发现老子常使用类比的方法去支持他的论点。例如他从柔弱的水可以冲击任何坚硬的东西，因而推论出柔弱胜刚强的结论来。这种类比方法的使用，虽然有相当的说服性和提示性，但是并没有充分的、严密的论证性和合理性。因为你也可以用同样的形式例举不同的前提而推出相反的结论来，如你可以说坚硬的铁锤可以击碎任何柔脆的东西，因而推出刚强胜柔弱的结论来。老子"返本复初"的思想是很浓厚的，而实际上回到史前时代是不可能的，而且"本初"的状态是否像老子所设想的那样美好，也不尽然。这种复古的思想，有时会阻碍事物的发展。老子还主张"无知""弃智""绝学"，否认知识的作用，其实知识也是能给人带来福祉的。老子一再强调人应顺应自然，认为事物对立关系的转化是必然而然发生的，而忽视了人的主观能动作用，事实上主观的努力，常常是决定祸福的主要因素。老子一再强调"清静无为""柔弱处下"，一个人如果长期浸染于这种思想的气氛中，久而久之，将会侵蚀人的奋发精神，也会消解人向宇宙自然、向人类自身探索的勇气。但瑕不掩瑜，整体来说，这些缺点并不能掩盖老子哲学的价值，老子哲学中充满了那些深沉的智慧之言，永远是我们取之不尽、用之不竭的智慧源泉。

天地不仁以萬物為芻狗聖人不仁以百姓為芻
狗天地之間其猶橐籥乎虛而不屈動而愈
出多言數窮不如守中
谷神不死是謂玄牝玄牝之門是謂天地根
緜緜若存用之不勤
天長地久天地所以能長且久者以其不自生故
能長生是以聖人後其身而身先外其身而身
存非以其無私耶故能成其私
上善若水水善利萬物而不爭處眾人之所

小楷《老子道德经卷》　元·赵孟頫

老子之风，山高水长

> 像一个永不枯竭的井泉，满载宝藏，
> 放下汲桶，唾手可得。
>
> ——尼 采

老庄首创的道家思想对中国文化的影响是多方面的，也是深远的。现简单介绍如下。

道家思想与宗教

道教于东汉末年乱世中产生，是与当时道家思想继"独尊儒术"后的复兴有一定关系的。《后汉书·马融传》记载："融既饥困，乃悔而叹息，谓其友人曰：'古人有言：左手据天下之图，右手吻其喉，愚夫不为。'所以然者，生贵于天下也。今以曲俗咫尺之羞，灭无资之躯，殆非老庄所谓也。""老庄所谓"，即指"生贵天下"。马融原是崇尚经学的思想家，这说明马融对儒家经学的桎梏已有所反抗，开始信奉老庄。儒家思想在东汉末年的衰落，老庄思想受到重视，为道教的产生提供了思想上的准备，加上两汉之际佛教的

传入，加快了道教的建立。就思想渊源来说，道教承袭了古代的巫术神仙方术和先秦道家、儒家、墨家、阴阳五行及汉初的黄老思想糅和而成。这里道家思想对道教影响最重要。道教的核心是追求现世的长生不老。这点主要来自老子的"人法地，地法天，天法道，道法自然"思想和庄子的"天地与我并生，万物与我为一"的思想及"道"为万物之源的思想。庄子还说："人之生，气之聚也。聚则为生，散则为死……故曰，通天下一气耳。"这个思想后来由早期道教学者改造，提出了"元气行道，以生万物，天地大小"，"无不由道而生者也"（王明《太平经校注》）。《庄子·在宥》说："无视无听，抱神以静，形将自正。必静必清，无劳女（汝）形，无摇女（汝）精，乃可以长生。目无所见，耳无所闻，心无所知，女（汝）神将守形，形乃长生。"早期道教的成仙理论就是从这里寻找到了理论根据。此外，《庄子》中的养生法也为道教所吸收，其深呼吸法为道教吸收后衍变为"调息"；潜心养静的方法——坐忘，道教学者以之为蓝本而撰写了《坐忘论》。《大宗师》中谈到"登高不慄，入水不濡，入火不热"的真人修炼术及《刻意篇》中谈到的"吹呴呼吸，吐故纳新，熊经鸟申"等吐纳导引，也都被道教吸收。

在公元三四世纪，即魏晋时期，中国当时著名的学者一般都是道家人物，他们又常常是佛教和尚的亲密朋友。学者一般都精通佛典，而和尚也都精通道家经典，即《老子》《庄子》，他们相聚时的谈话，当时叫作"清谈"。清谈的艺术在于，将最精粹的思想，通常就是道家思想，用最精粹的语言、最简洁的词句表达出来。当他们谈到"非非"时，就一笑无言，而在无言中彼此心领神会了。在这类场合，就出现了"禅"的精神。禅宗是中国佛教的一支，它是佛学和道家哲学最精妙之处的结合。

佛教大致在东汉明帝（58—75年在位）时传入中国。早期的佛学著作往往被人用道家哲学的观点进行解释。这种方法叫作"格义"，就是用类比来解释。这样的方法当然不会准确，容易造成误解。于是在5世纪，当翻译的佛经大量地迅速增加时，才坚决不用类比解释了。但仍然存在这样的情况，就是5世纪的佛学大师，甚至包括印度来的鸠摩罗什在内，也还要继续使用道家的术语，诸如"有""无""有为""无为"等来表达佛学的观念。这样做与类比解释不同，后者只是词语的表面相似，前者则所用语词与其表达的观念有内在联系。佛学大师们使用道家术语，并没有造成对佛学的误解或曲解，倒是造成印度哲学与道家哲

学的综合，导致中国形式的佛学的建立，从而使佛学在中国扎下根。

道家思想与中国文学

道家思想对中国文学的影响，主要有两方面，一是为中国文人营造了一个精神的家园，心灵的最终归宿地，形象点儿说，是为中国诗人创造了一个心灵休憩的港湾；二是道家思想中所蕴含的对自然和自由精神的热烈赞颂为中国诗人拓展了广阔的创作空间，特别是庄子思想，在文学上开启了中国诗歌浪漫主义的先河，源远流长。

"入世"与"出世"一直是中国文人的一个两难选择。虽说有"达则兼济天下，穷则独善其身"的准则，但真正做起来，却远非像说的那么容易。大多数中国古代文人走的是先"入世"的路子，当在现实中遇到挫折、失意、绝望时，还可"出世"以"独善其身"。其根据就是道家思想中的"独与天地相往来"的自由自足的精神。

晋代诗人陶渊明少年时对事功充满抱负，对政治也很有兴趣，后来感到官场险恶，看到被卷入上层政治漩涡的魏晋名士们一批一批地被送上刑场，如何晏、嵇康、二陆、张华、潘岳、郭璞、刘琨、谢灵运、范晔……当时的名士都被杀戮害死。留于后世的都是"广陵散于今绝矣"，"华亭鹤唳不可复闻"的悲惨故事。所以陶渊明写道："密网栽而鱼骇，宏罗制而鸟惊；彼达人之善觉，乃逃禄而归耕。""古时功名士，慷慨争此场，一旦百岁后，相与还北邙。"所以他毅然决然地从上层社会中退了出来，把精神的安慰寄托在农村生活的饮酒、读书、作诗上。他没有那种魏晋后期封建士大夫对整个人生社会的空漠之感，相反，他对人生、生活仍有很高的兴致。"结庐在人境，而无车马喧。问君何能尔，心远地自偏。采菊东篱下，悠然见南山。山气日夕佳，飞鸟相与还。此中有真意，欲辩已忘言。"道家思想的精髓在此表达得淋漓尽致。

在宋代大词人苏东坡那里，进取与退隐的矛盾异常激烈，他没有像陶渊明那样退隐、归田，但从他的诗文中所表达出来的那种人生空漠之感，却比前人任何口头上或事实上的"退隐""遁世"要更深刻、更沉重。"常恨此身非我有，何时忘却营营。夜阑风静縠纹平，小舟从此逝，江海寄余生。""世路无穷，劳生有限，似此区区长鲜欢。微吟罢，凭征鞍无语，往事千端。"苏东坡在精神上追求的是一种朴质无华、平淡自然的情趣韵味，一种退避社会、厌弃世间的人生理想和生活态度，反对矫揉造作和装饰雕琢，并把这一切

提到某种透彻了悟的哲理高度。"人生到处知何似？应似飞鸿踏雪泥。泥上偶然留指爪，鸿飞那复计东西。"苏东坡传达的就是这种携带某种禅意玄思的人生偶然的感喟。

道家思想给予李白的，则更多的是精神极度夸张飞扬的一面。他的诗承继了庄子的飘逸和屈原的瑰丽，痛快淋漓，没有任何约束，一切都是冲口而出，随意创造，但诗中所展现的意境又是那样的美妙奇异，不可思议。除了表现他性格、生活的豪放外，如"天子呼来不上船，自称臣是酒中仙""安能摧眉折腰事权贵，使我不得尽开颜"，李白之诗瑰丽的一面主要还表现在他诗中对仙境的描述，如大家熟悉的《梦游天姥吟留别》，群仙并列，富丽堂皇，大有楚辞汉赋之风。写景状物也是言不离仙。"吟诵有所得，众神卫我形。云行信长风，飒若羽翼生。""登高望蓬莱，想象金银台。天门一长啸，万里清风来。玉女四五人，飘飘下九垓。含笑引素手，遗我流霞杯。""人生在世不称意，明朝散发弄扁舟。"道家思想及道教对李白的影响是显而易见的，实际上李白自幼就"志尚道术"，谓"神仙可致"。晚年师北海高天师，受道箓于齐州紫极宫，正式成为道士。他自己也自称"太白"，人称"诗仙"。

不独李白，唐宋明清许多文人都有出入佛老的经历。如白居易，曾自号沉冥子。对于服食炼丹，白居易自己也亲自干过。韩愈、张籍等都炼丹服药。北宋之欧阳修，自号无仙子，肯定道家的内守的静功。陆游对道教炼丹术也很感兴趣，曾专辟练功室练功。

道家思想和道教不仅对中国诗人和诗歌有重要影响，对其他如汉赋、唐代传奇、明清小说也都影响至深。大家所熟知的中国古典四大名著，都有道家思想和道教人物的影子。《三国演义》中诸葛亮、曹操等都很懂道术，诸葛亮的八卦阵、祭星求寿都是道教的方法；曹操曾招致天下"能行气导引、悉晓房中之术、俭善辟谷"的方士，"聚而禁之"。《水浒传》中道家人物就更多，"入云龙"公孙胜，能呼风唤雨的鲍衮等，一百单八将被排列成36天罡、72地煞更是神仙之属。《红楼梦》中的太虚幻境、青梗山顽石、通灵宝玉及诗中的道家道教思想的痕迹更是举不胜举。如《好了歌》、宝玉续《庄子·胠箧》文及黛玉《题宝玉续庄子文后》"无端弄笔是何人？作践南华《庄子因》"等。至于《西游记》更不用说，非佛即道，孙悟空倒像是道家精神的化身，强烈的追求自由，其七十二变可以说是与天地万物齐一的表现形式。他自己就自称"齐天大圣"。另外如《封神演义》《八仙过海》《梁祝化蝶》等等，几乎在中国任何一部文学作品中都有道家

或道教思想的影子。

道家思想与其他

王羲之（321—379）是我国历史上最著名的晋代书法家，讲究练功与服饵药物。"王羲之与道士许迈共修服食，采药不远千里。"他与当时著名道士许迈是世外之交，常常读书往复，终日乐而忘归。据传王羲之颇爱山阴道士之鹅，欲买不成。道士要他写《道德经》，则举群鹅相送。于是王羲之欣然草书《道德经》交与道士，得以笼鹅以归。这从一个侧面说明道家的休养功夫对于中国古代艺术家的影响。韩愈在评价张旭草书时说："观于物，见山水岩谷，鸟兽虫鱼，天地万物之变，可喜可愕，一表于书，故旭之书，变动犹鬼神，不可端倪。"把书法作为抒情达性的艺术手段，提到与诗歌并行、与自然同美的理论高度。"情动形言，取会风骚之意，阳舒阴惨，本乎天地之心。"不仅书法，中国的绘画大师们也深受道家思想和道教文化的影响。道家对精神自由运动的赞美，对于自然的理想化，使中国古代艺术家们深受启迪。艺术大师们常以翎毛、花卉、树木、竹子、山水等自然为主题。在一幅山水画里，在山脚下或是在河岸边，总可以看到有个人坐在那里欣赏自然美，参悟超越天人的妙道。

当然在中国画中，也有许多人物画，而人物画中道教人物、仙女题材的画数量也不少。中国历史上的著名画家顾恺之、顾景秀、陶弘景、张素卿及吴道子等都有多幅道家、道教人物画传世。徐复观说："老、庄的所谓道，尤其是说庄子的所谓道，本质上是最高的艺术精神。"他认为："中国艺术精神的自觉，主要是表现在绘画与文学两方面，而绘画又是庄学的'独生子'。"对老庄的道家思想，特别是《庄子》思想评价甚高。

对于自然科学方面的影响，道家要远远超过儒家，如在化学、医药、气功等方面，特别是道教形成后，由于众多炼丹家的努力，道教与医学、化学、气功相结合，有很多成果问世。"四大发明"之一的火药最初就出自道教炼丹家之手。至今作为中国传统文化奇葩之一的中医，在国内外一直都很受重视。另外一朵奇葩是中国武术，也与道家和道教有很深的渊源关系。其他如道教音乐、道教建筑以及风水占卜术等等，在民间都已形成民俗文化而一直流传着。

由上面简略的介绍可以看出，道家思想和道教文化对中国文化的作用和影响是深远而广泛的。司马迁的父亲司马谈在论六家要旨时说：

《易·大传》："天下一致而百虑，同归而殊途。"夫阴阳、儒、墨、名、法、道德，此务为治者也，直所从言之异路，有省不省耳。尝窃观阴阳之术，大详而众忌讳，使人拘而多所畏；然其序四时之大顺，不可失也。儒者博而寡要，劳而少功，是以其事难尽从；然其序君臣父子之礼，列夫妇长幼之别，不可易也。墨者俭而难遵，是以其事不可遍循；然其强本节用，不可废也。法家严而少恩；然其正君臣上下之分，不可改矣。名家使人俭而善失真；然其正名实，不可不察也。道家使人精神专一，动合无形，赡足万物。其为术也，因阴阳之大顺，采儒、墨之善，撮名、法之要，与时迁移，应物变化，立俗施事，无所不宜，指约而易操，事少而功多。

这里，司马迁父子对诸子百家中的道家评价最高。清代名士纪晓岚也称道家学术"综罗百代，广博精微"。而对道家学说的创始人老子，胡适则称他为"中国哲学史上第一位真正的哲学家"。尤其值得一提的是，现在许多外国人，包括近如日、韩，远如欧、美，乃至于大洋洲的人，也都喜欢研究起老子来了。他们都对老子很敬佩，以为在那么早的年代，中国人的思维就达到那么高的水平，真是了不起。

千百年来，老子其人其书就像谜一样，吸引着人们去研读学习探索，而他的思想也确实像取之不尽、用之不竭的智慧源泉，滋养哺育着一代又一代的中华儿女。

其人已矣，其精神永存！